" SI MANIFIESTAS EN TACONES MANIFESTARAS EN CORBATA ,SASTRE Y VESTIDOS GLAMUROSOS SOLO VE POR ESO QUE TANTO ANHELAS"

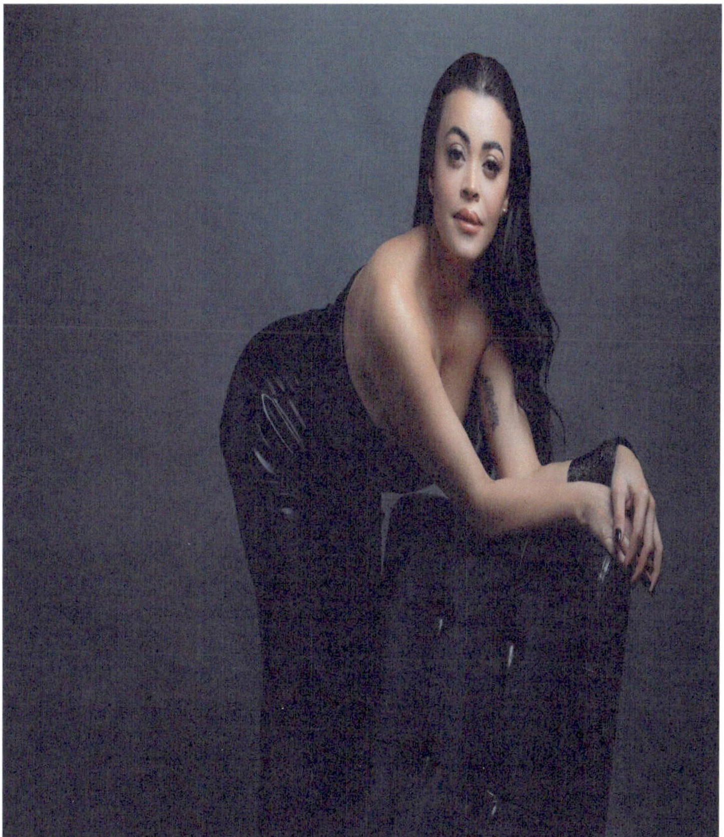

©copyright 2023 Yenyfer Mcgrath
ISBN 9798872091288

♥ME FELICITO♥

Tuve la grandeza de poder salir de la habitación #1 y poder contar mi historia sin temor de nada ,me felicito tuve que tener mucha fuerza para poder encajar en la humanidad, inconsciente en la que vivimos ,pero lo logré y me siento demasiado orgullosa de mi "soy multi talentosa y muy pero muy empoderada & visionaria y para no tener temor de contar la historia de una niña que usa tacones a través de mi. y por medio de mi honraré a todas mis niñas con tacones y que cada página escrita nos identifiquemos entre nosotras nos aplaudimos y nos felicitemos por la gran labor realizada yo me llamo Yenyfer pero como todos me llaman ●camila● estoy acá dando mi más sinceras felicitaciones

Conte mi historia y ahora tu la sabras poco a poco como una niña usa tacones y se defiende de los lobos masculinos.

Me felicito soy madre -hija-amiga y felicito a todas mis niñas fuimos o somos unas valientes y nos merecemos todo lo maravilloso del universo.

Me felicito: salí de la oscuridad, brille en cada show y lleve mis tacones bien puestos.

aca comenzara mi historia basada en hechos reales.. todo lo mencionado tendrá su dramática/personajes con nicknames,en horarios territoriales portaremos imágenes y secretos .
No tendré temor de contar un poco de mi y que tu te identifiques por medio de mi tu historia .disfruta mi libro se creativa y comparte tu historia en mi libro y crea tu nuevo futuro te felicito lo lograstes vamos al siguiente paso jajajja esto apenas comienza y se pone bien bueno saber la vida de una niña latina que usa tacones para generar dinero es algo más allá de solo saber es haberlo vivido y querer contarlo.

si continuas 👻
EHHHHH! Eres bien chismosito(a)👻

'se respetará los derechos de autor'

¡¡¡me felicito, ¡ qué mágica soy!!

LET'S GOOOOO!! .... Aqui Vamoooooooos!!

Agradecimiento$

GRACIAS DIOS & UNIVERSO!

🌑 Agradezco a este cuerpo extraño que tenía dentro de mi que me llenó de valentía femenina al hacerme heredera de llevar el poder de ser mamá ,amiga,mujer,hermana,nieta,
pero sobre todo agradezco el poder infinito que tengo y la fe que siempre manifestó tener cambios a través de los tacones. siempre hable sobre mis deseos sobre mi vida.

Agradezco a mi karma por haber entrado a nivel espiritual sobre la carga que llevaba mi alma muy sutilmente agradeceré a mis seres que jamas volvi a ver, agradeceré a mi seres que los tengo vivos, agradeceré a toda aquella persona que un su momento me tiró piedras.

Agradezco todo aquel sinónimo negativo que me enviaron cuando me vieron, les agradezco por haberme enseñado que lo valioso no es el oro.

1. Te agradezco a un personaje que por motivos de derechos de autor su nombre será 'la bruja' a ti te doy gracias por unir seres a través de la traición.

2. Te agradezco diablo mientras me iba al trabajo dejaba mi hija contigo y no sabía lo diabla que eras Marta J.

3. Te agradezco por motivos de derechos se reserva su nombre "oso" fuistes mi espejo y mi reflejo.

Agradezco a mis amistades y colegas de trabajo.

Agradezco a mis jefes, managers y gente de seguridad por cuidar de las niñas.

Agradezco a todos los clientes por haber colaborado con cada una de mis metas.

4. Agradezco a las personas que hicieron parte de mi entorno fueron alrededor de 8.000.000 millones de personas que existen por ahora en el mundo gracias gracias por haber visto las calles que llenaban de humo el cielo por mirar las aves y querer volar les agradezco por llevarme en su corazón si es que algun dia les llene el corazón.

¡¡¡Me agradezco porque creer es crecer niñas!!
gracias gracias gracias gracias gracias gracias
gracias gracias gracias gracias gracias gracias......!!

-Gracias ego bye ego.
-Gracias niñas por el enfoque.
-Gracias por la fortaleza que tuvimos para usar tacones y hacer que el show fuera los más fabuloso.
-Gracias piernas por cargar el peso de la seducción.
-Gracias brazo$, mano$ & cintura tuvieron unos movimiento$ muy exclusivo$.
-Gracias salud por que aun que padecía de salud mental y baja de autoestima y desbalanceada de amor jamas deje de dar lo mejor de mi para ustedes y para mi misma.
 -Gracias por tanta falta de masculinidad

-Gracias por la envidia que traspasaba tu cerebro inconscientemente pero sinceramente.

-Gracias por los chismoso$ o chismosa$ que susurraron los pasillos de la oscuridad.
-Gracias por que me humillaron y pensaron que yo no podía lograr mis objetivos y pues si a veces no se logra algo pero se alcanza otro objetivo que viene mejor que el pasado.
-Gracias por las personas mal intencionadas que deseaban verme destruida o ignorada.
-Gracias por las redes sociales que jamás me dejaron vender mi marca.
-Gracias a los ignorantes que opinan sin conocer mi alma
-Gracias al desamor genuino del pasado
-Gracias a mi hermosa familia "la familia peluche" que maravilla fue tenerlos en mi vida son y serán lo mejor que Dios me regaló.
-Gracias a mis estilistas ,maquilladores ,fotógrafa.
profesores que me ayudaron a ser mejor y dejar mi legado.
-Gracias a mi nuevo público por querer leer mi historia y querer comentar de mi eso me llenará de mucho orgullo.

Gracias vida ,aire ,arboles, casas, carros, restaurantes, discotecas, aves, animales salvajes, aire, lluvia, agua, jabón,

comida, lujos, diamantes, aviones, pilotos, casas, paises, gracias vino, gracias marihuana, gracias cocaina, gracias papelitos, gracias flores, gracias licor, gracias sexo.
Gracias felicidad, **gracias, gracias, gracias:** poder, pobreza, riqueza, gracias música, dj's y tormentas ,gracias rayos de luz en medio de la lluvia fría que arropa nuestros hilos amorosos Gracias planeta, gracias universo ,gracias estrellas, y astronautas.
Gracias predicación y maldición ,gracias sirenas que pasan rápido por las calles anunciando dolor, gracias polizei, gracias police, gracias policías, gracias planetas espaciales, gracias naves civiles, armas, fuego, magia, dolor, angustia, llanto, gracias luz , oscuridad, tormentas, desastres, terremotos, gracias electricidad, gracias selva ,junglas, árboles,   & muchos mas sin ustedes no habría podido vivir.

-Gracias por toda la vida y respirar yo Yenyfer Mcgrath me sentí muy feliz de exponer este mundo cobarde en el que habitamos.

-Gracias a todos por leer una parte de la niña de lo$ tacone$

Pero en especialmente gracias a ti mamă que chimba de madre tengo te amo aunque no lo demostre mucho pero te

amo y te amare desde el más allá y todos los mas allá siempre te ire a buscar para decirte mama aca estoy y estaré gracias madre por leer mi vida siempre había algo más en mi.
TE AMO OOOOOOOOOOOOOOOOOOOOOOOO!!
TÚ loca hija Yenyfer "esa jajajajaja si muy loca pero muy astuta."

Gracias hijas mías por derecho de autor , la llamaremos "mi flaca & vico amor de mis amores vida y dulzura mías angelitos que entraron en mi estomago y me hicieron crecer mi panza desgarrandome las líneas de mi belleza sin dejar de alguna manera, de reparar el dolor de tenerlas y traerlas al mundo.
A ustedes hijas gracias por haberme mostrado el verdadero amor el verdadero abrazo ,el verdadero te amo ,me dieron paz a mi soledad y calmaron mis angustias de tal manera que tenerlas a mi lado fue lo segundo más maravilloso del mundo caótico en el que vivimos y que pude ser madre y poder presenciar en mi vida esa mágica palabra de ser madre me llena de genuinidad transparente sin ánimo de lucro me mostraron la lealtad ,y ustedes hijas si quizás ya no están para cuando este libro algunas de ustedes pueda leerlo ,......... vico tú hija mía ahhhh mona te amo tanto eres mi fuerza y mi abismo al control desesperado por haber querido

ser amada detrás de ti me cobije para cubrir el gran sentimiento oscuro que mi mente sentía.

GRACIAS HIJAS POR TANTO AMOR PARA MI.
Gracias hijas por entender que mamá tuvo que estar muchas horas lejos de ustedes y ustedes siempre estuvieron ahí con su sonrisa su amor sus abrazos y besos sin ningún rechazo a mi ,por eso siempre las llevo en mi cerebro y mis ojos y las escucho son mi canto ustedes son mi felicidad.

Que Dios siempre me de muchos arcoiris y nubes azules soleadas,brillantes, con el máximo poder divino de que siempre y donde siempre que caminen haya luz luz luz luz... las miraré desde lo más alto y les ayudaré a seguir armando el castillo.

Gracias, gracias a todoooooooooooos.

Gracias, gracias, gracias, gracias manada de masculinos engreídos jajajajaja (Risa engreída).

★ELOGIOS★

Mi historia les brindará bastante tips y que tú manifiestes tus deseos también.

¿Saben por qué ? detrás de cada vida hay un misterio y una Historia que contar, así que anota todas las recetas y tips que Te contaré , y te ayudaré a contar la tuya y crearla de tal manera que tus sueños sean hechos realidad.
Yo lo declare …… .2014 comienza la historia basada en hechos reales ,personas y nombres ocultos,entrevistas anónimas ,y belleza ardiente de una niña elogiada por usar tacones.

?si tienes ya los tacones o apenas te los quieres poner ??

Sin preámbulos , ni escrúpulos alguno esta linda inspiradora historia de la vida real de una niña que usa tacones para Sobrevivir al mundo billonario de los estados de américa

la paisa en los usa mijo que pensaron que yo que yo que yo me las se todas y un poco más solo que en ocasiones me hago la tonta para desviar al enemigo pero jum aca veremos que pasa detrás del telón de una niña que usa tacone$.

Si, usa tacones? Jajajajajajajajajajaja (Risa engreída)

Veremos cada capítulo que una niña vive en su vida diaria ,lo que una mujer vive como mujer,lo que una madre vive como madre,lo que un hijo vive como hijo, acá estoy contando mi momento mágico que he estado viviendo hace 36 años de edad.

Les contaré paso a paso y los llevaré a un nivel de supervivencia mental, de que lo absurdo es absurdo ,y si llegas a cambiar de nivel de vida.
Aquí encontrarán el poder de sumar,controlar,crear y lograr todo lo propuesto .
Que todos los cambios que tu y yo escojamos sean también para implementar un super destino mágico y visionario & amoroso por ti misma y llénate de valor al rellenar, ese vacío con flores rosadas y doradas acá comienza la función,,,.......ahhhhhhh.

Berraca somos al usar tacone$; eres poderosa ,mágica, única, talentosa, declaradora, sencilla , y muy neutral.

No siendo más empecemos por el final, sean bien atentos y chismosos (as) para que tomen chocolate caliente y pan.

Gracias niñas las quiero mucho y me encanto ser su colega de trabajo espero aprendan mas de mi y aprendan a conocerte a ti misma y también que avances a más escalones De deseos cumplidos.
att: 😈camila😈●●💩●

💤💬●

Continuación............

Disfruta esta complicada, sexy, ardiente, misteriosa y trágica historia de romance y erotismo con crueldad y ansiedad más abundante y caótica que hayas podido leer.
Espero disfrutes de todo lo feo y lindo que viví como niña usando tacones y si llegas al final eres un super chismosito (as) lindos y lindas jajajajajajajajajajaja te felicito.

Enjoy masculinos y femeninas .

Yenyfer Mcgrath

LA NIÑA D' LO$ TACONE$

"Encuentra la perla en tu interior."

TODO$ ME DESEAN, POCO$ ME $OPORTAN.

-YENYFER MCGRATH

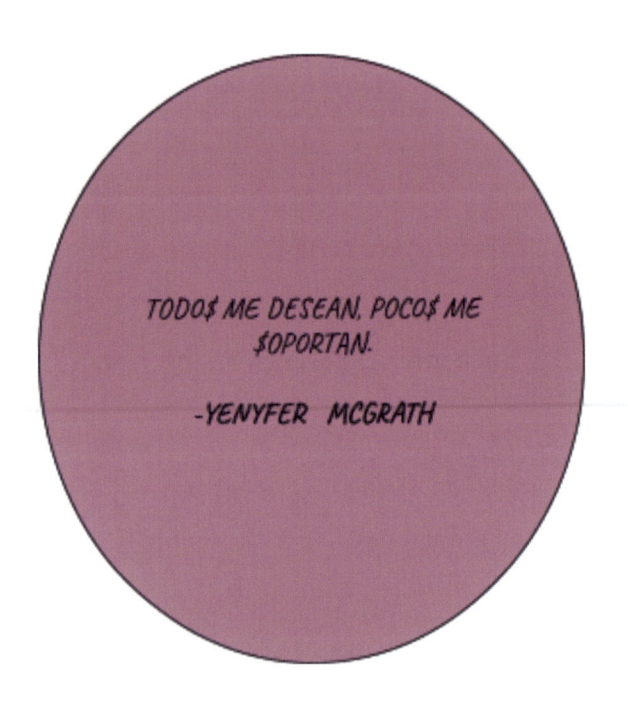

INDICE

1.0 Introducción   38

⭐ ¿Quién soy?   44

-Por que me puse los tacones?   51

-¿En qué industria se usan tacones?   53

2.0 Mi niñez o los tacone$ 55

⭐ ¿Qué me llevó a usar los tacones?   57

⭐ Foto tacones   66

3.0 Mis tacone$ 66

⭐ Nombra algunos tacones y sus personalidades femeninas   67

⭐ ¿Qué sentía cuando usaba los tacones?   70

4.0 El mundo mágico de los tacone$ 73

⭐ ¿Cuántas millas recorrí durante mi labor con tacones?   79

⭐ ¿Amor o dinero?....   85

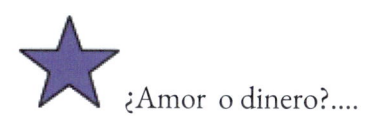

5.0 Mi vida y mis aspectos.

⭐ En qué aspectos me hizo mejor persona   93

⭐ Cómo me afecta usar tacones en mi vida Cotidiana   99

6.0 Que desafios Desafie?   102

⭐ Qué obstáculos se me interpusieron en mi camino?   104

⭐ Cuales fueron los aspectos más decisivos   105

⭐ Vida y Familia   106

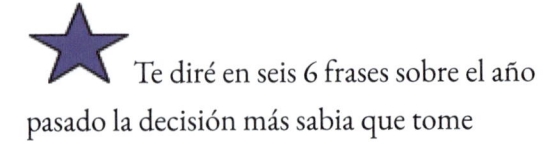

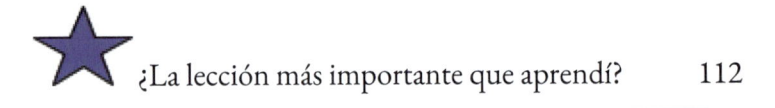

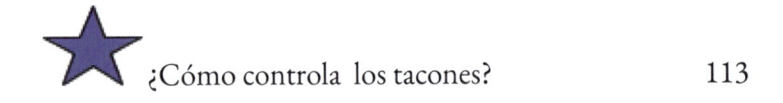

⭐ Te diré en seis 6 frases sobre el año pasado la decisión más sabia que tome　　111

⭐ ¿La lección más importante que aprendí?　　112

⭐ ¿Cómo controla los tacones?　　113

⭐ ¿En qué momento descubrí mi crecimiento personal ?　　115

7.0 ¿Qué cambios realicé en mi vida como bailarina?　　120

★ ¿Sentiste dolor o felicidad en la trayectoria como bailarina? 123

★ Dedicatorias a mis clientes gold 127

★ Mi falla mental 132

★ Oración a mi cerebro 136

8.0 Misterios De Los tacone$

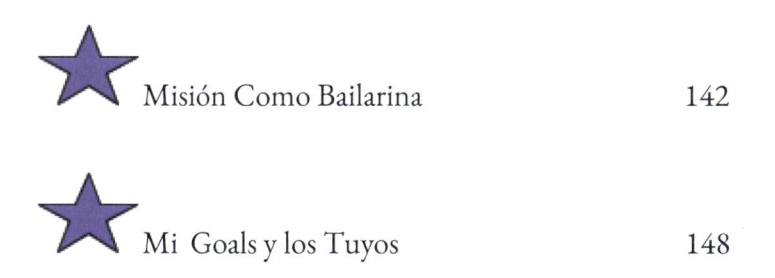

★ Misión Como Bailarina 142

★ Mi Goals y los Tuyos 148

⭐ Espero que poseas una vista muy avanzada desarrollada para poder ver más allá y ver mi luz en la vasija solar ..añadiré imágenes con contenido ultra no violeta no romance y elegancia y sensualidad vista para mayores de edad o personas con inteligencia mental   159

ARE YOU ALL READY TO SEE HOW SEXY I AM IN PICTURES? (JAJAJA)

9.0 La Espiritualidad & Ambición   182

⭐ Meditación entre mis tacones$ 183

⭐ Ambiciòn   184

⭐ Conversación de mi para mi   186

⭐ ¿Qué dejé en mi pasado?   188

⭐ Tacone$ positivo$ 192

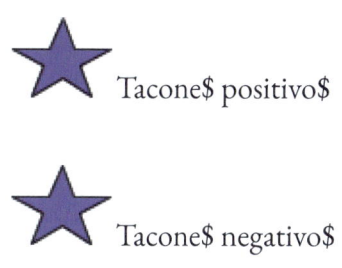

⭐ Tacone$ negativo$ 193

⭐ ¿Qué oración hacía antes de entrar al trabajo? 194

10.0 El Perdón

⭐ Impacto en la sociedad   197

⭐ ¿Alguna cosa del año pasado por la que todavía tienes que dar tu perdón te hirieron?o alguna razón por la que estás enfadada contigo misma?
(escribirlo aquí.hazte un favor y perdona)   205

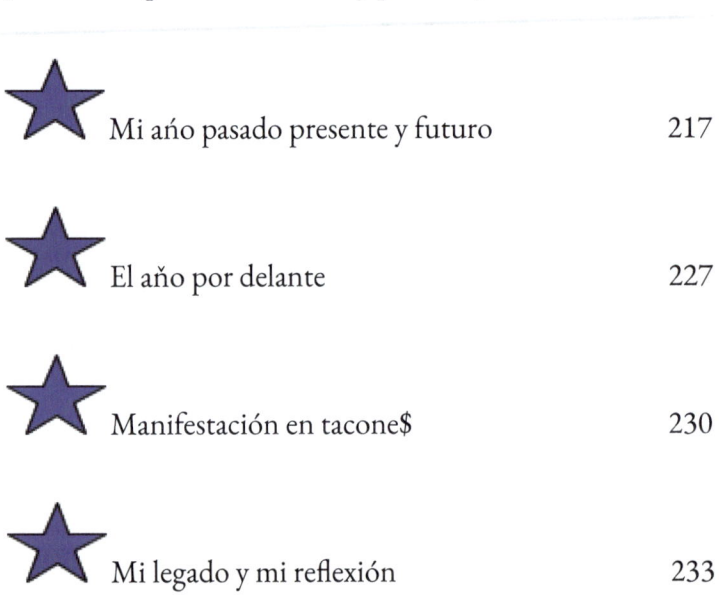

⭐ Mi año pasado presente y futuro   217

⭐ El año por delante   227

⭐ Manifestación en tacone$ 230

⭐ Mi legado y mi reflexión   233

⭐ Resiliencia   239

⭐ Dedicatoria para mi 241

⭐ Dedicatoria al amor burdo 243

⭐ Entrevista a niñas en tacone$ 254

⭐ Entrevistas a masculinos 248

⭐ Me retiro D lo$ Tacone$ 256

⭐ Imagenes secretas De todas mis agendas 261

⭐ Carta Para Mi 271

⭐ Collage (recorta pedazos de revistas y realiza tu nueva vida este 2024 manifiesta todo lo deseado 272

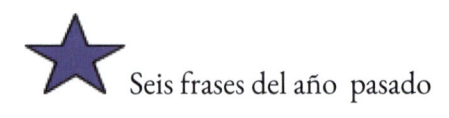

⭐ Seis frases del año pasado　　　　　　279

⭐ Libros que me ayudaron a tener mejor conocimiento y autoayuda en mi misma　　281

Gracias
-Yenyfer Mcgrath **(Camila)**

INTRODUCCIÓN

Me llamo Yenyfer Mcgrath nací en colombia Medellín, el día 25 de julio de 1987 un dia lluvioso 6;00 am En el hospital general de san diego parto natural.

Nací en una familia muy linda muy sencilla eso siempre lo Amaré de ellos mamá y papá.
Tengo dos hijas una mayor de 14 años y una bebe de 20 Meses por que cuando mi libro salga al aire aun mi bebe no Ha cumplido, dos años de edad soy soltera en actualidad.
Actualmente uso tacones y resido en la ciudad de los Estados Unidos miami florida hace 11 años.
Soy Ciudadana Norteamericana

En la actualidad ya no estoy diseñando ropa infantil mi Marca quedó en una muy linda historia en hermosas Pasarelas pero ya no sigo trabajando con princesitas.

 Continuo con mis donaciones a los niños de medellín En las épocas de sembrina (en mi país se le dice así a diciembre).
Estudie en smart beemo amazon business y ahora estudio Para promocionarme como escritora, y estudie para cuidar personas de tercera edad, he asistido a más de 6 escuelas de ingles y no he podido con èl.
>Mido 1.55 (Cms) en Colombia: 5.2" in the US. (Risa de nervios).
>Color De cabello: actualmente negro (use rubios/ rojos/ naranjas / cafes.)
>Ojos grandes ovalados cafes
>Labios: gruesos y deliciosos con un poco de biopolímero labio parte arriba (20 años atrás)
>Caderas: gigantes hermosa y sexys (biopolímeros cantidad)
>Poca /fast transfer
>Busto: 36dd

Felizmente soy madre de Dos(2) universos enteros que me Necesitan y yo a ellas.
Fui criada criollamente en el barrio más peligroso de medellín en su época su nombre "lobaina" un barrio donde

nacen muchos pero se crian pocos eso sí habemos muchos con miles de proyectos y sueños por querer realizar nacemos donde avanzar de número es la prioridad sin mirar nuestra delantera.

Me crié con niveles altamente evolutivos, supe que es tener miedo desde niña por los lobos que estaban afuera ,no te creas me crié con masculinos llamados el "zarco" actores que ya murieron y quedaron en mi mente por muchos años hasta el dia de hoy ese hombre me daba miedo era peligroso pero en su corazón había arte las drogas habían tomado poder de su imperio y ya no había nada que hacer ese hombre estaba destinado a vivir la fama por 2 meses por dos décadas pero jamas existiria para contar sus anecdotas.

Yo mujer de barrio nacida en el jardín lleno de mangos la casa más larga y curiosa Del ,barrio oscuro lleno de lujuria y maldad donde habitaban, 5 niños cuál de todos más humildes cuál de todos más inocentes y llenos de locuras llenos de preguntas,de miedos,de lujuria pero éramos inocentes saben mi casa fue mi primer negocio a los 8 años vendíamos mango por la ventana que daba a la puerta de la calle rompimos una parte de la ventana para sacar las ventas por ahí y generar dinero desde pequeños pronosticamos un poco nuestro legado. quizás ya algunos de esas personas y se fueron y dejaron de estar en esta tierra , por que alguien decidió darle una lección de vida muy fuerte y ya hoy no está con nosotros si tu andres amigo lo siento mama te extraña y dedico este libro a ti también a estos amigos y primos que ya no están en esta tierra **FREDY ,YEKA FABIO** amigos y familiares.

Que sí que peleábamos cuando éramos muy niños fuimos criados entre las balas y los insultos de aquellos vecinos que no se amaban así mismo y odiaban el mundo mientras comía crispetas en la sala de la casa de la amiga de mi mamá escuchaba dos clases de explosiones las balas y las crispetas asi me crie y aca estoy hoy dando gracias a esas balas de temor me hicieron mas fuerte no importa cuánto tengas que llorar eso se llama valentía de mujer que jamas dejara ir su alma asi como asi de la nada de eso soy yo mujer criada a La dureza y la firmeza de lealtad entre bandidos y me uno soy bandida de las calles me refugio en el olor a calle y humo pero saben que dama más que mujer y niña

pienso que desde que nací ya mi destino estaba escrito y mi cerebro estaba preparado para ser más que una niña muy especial y avanzada desde que estaba en los meses de nacida mi cerebro supo que jamás me conformaria con poco y asi fue mi juventud fue más que eso que escribir y escribir líneas de notas de una niña que a los 15 años enfrentó la pobreza esa de mujer de barrio yo que pude sobrevivir a los lobos del barrio y /que pude caminar las lomas que me llevaban al colegio con mis zapatos rotos, fui estudiante de bachiller sin graduación, fui ala universidad de los solitarios donde nos toca aprender con lágrimas y golpes de pecho.

Esa fue mi pequeña introducción de mi para mi

"La niña D' los tacones"

Sigue al siguiente capítulo para saber mas de mi >>>♥

Chismosito(a)

Me puse los tacones coji la mochila y me disponía a tomar el primer avión a las estrellas y shows le pregunte al universo y me deje guiar me preparo me embarco en las sillas de american airlines vuelo 1206 con destino a la ciudad de michigan allí aterrizará la niña con miles y miles de metas por cumplir se aproximaba el ascenso a la jungla y yo haría parte de esa selva .

Yo soy.......>>>

CAPÍTULO 1
YO SOY

Aún no se quien fui y quien soy solo sé que me apode con tantos nickname, que por momentos olvidó quién era yo que estaba haciendo partícipe de otra vida oculta.

Por ahora me llamare **camila** mucho gusto,me llamo spirit, oh no mucho gusto me llamo susana, oh no me llamo valentina ah no.
De verdad me llamo **Yenyfer Mcgrath** pero todos me apodan "gucci' oh me llamaron piolin.
en fin tuve tantos alias y todavía sigo encontrando quien soy yo por ahora conformemonos con el use mis tacones me gusto los brillantes y los escenarios yo me convertí en una niña usando tacones perdiendo la moral y dignidad jugué a ser mujer en un cuerpo de niña para los que no me conocían ah verdad es que nadie me llegara a conocer soy bastante

misteriosa como decirles todo de mi pero si yo soy esa niña que vino a devorarse la jungla y pelear con los animales que la rodean por que no me dejare como carnada para los lobos yo soy fuerza que vino a sufrir cuan tanta prueba sea elegida para mi la devorare y nada me alcanzara yo me llene de fe y mortalidad para decirles quien realmente soy yo

Una parte de mí la dejé hace años atrás para ser tu ese oculto y secreto de quienes como yo usamos tacones.
Se me cruzaron ideas y me acompañaron en esta nueva etapa que por cierto no es nada católica o cristiana.

Es una obra maestra es una obra de arte más sucia y egocéntrica esa soy yo noooooooo

Pero la vida caótica de una bailarina a veces es más que es eso yo soy niña /mamá/hija/hermana/ex mujer/ex amiga/ex niña

Cuando dejas de ser tu todo se transforma tu otro yo
 y es acá donde empezó todo, donde cree mi historia ficticia y apasionada de ser yo entre medio de las millas y la oscuridad.
yo amadora y querendona de todo lo que posee color verde y azul dinero y abundancia de luz amando algun dia llegar a

firmar tantos libros que me veré en la perversidad de decir que chimba hp logre lo que quería lograr

Mentiras siempre me faltó algo

continuacion....
chismosito(a)

Soy absorbente y amo el dinero amo la fama y las luces soy una magnética que atrae más dinero que lo que deseaba si llamas niña te contestare.

Tacones asi somos nosotras amamos lo mas colorido aun que lucimos siempre de negro.

Ame los poemas y cree mis propios poemas me creí el cuento de amor donde solo se dibuja pajaritos y las estrellas te las haces en tu cabeza de cerebro diminutivo "jajajajjaajaja recuerdo que así me llamaban "no sabes usar el cerebro " hasta ahora no se si sea cierto ustedes opinaran si use o no use mi cerebro .

Eso si quiero decirte que con mi luz rosada yo supe vivir al desamor al dolor a la maldad a la traición a la discordia,al castigo mental, yo soy Yenyfer Mcgrath sobreviví a la maldición de tus ojos indignados por culpar la niña que llevaba los tacones más pesados

yo soy magica
yo soy amigable
Yo soy rencorosa
yo soy cariñosa
yo soy enemiga
yo soy caritativa
yo soy multitalentosa
Yo soy arriesgada
yo soy intuitiva
yo soy honesta
yo soy deshonesta
yo soy positiva
yo soy soñadora
yo soy enana
yo soy dulce
yo soy mala
yo soy buena
yo soy leal

yo soy cordial

yo soy bien hp

yo soy humanitaria y comparto todo lo que esté a mi alcance

yo soy envidiosa

yo soy bien ingenua

yo soy amiga

yo soy madre

yo soy hermana

yo soy hija

yo soy yo

yo soy visionaria

yo soy empresaria

yo soy escritora

yo soy divina

yo soy luz de los mas lindo que pueda yo crear en mi vida

Imagen de mi, para mi soy más que una niña, soy esa mujer que se demostró así misma el poder tan increíble que solía tener al manifestar su nuevo cambio de identidad.

¿Por qué me puse los tacones?

Por falta de amor masculino tuve que sentirme tan valiente para demostrarme que algo en la vida tendría valor más que el rencor que llenaba mis venas.

Mi sangre era verde en vez de roja y mis pensamientos eran cada vez más materiales y cargaban metales y oro que llenaban mi mente obsesionada por lucir mejor y llenar mis bolsillos de billetes no alcanzaba el límite de supervivencia en un país donde las cuentas eran más altas que tus deseos.

pues si queridos y queridas llegar al paraíso americano donde los negros y blancos se detestan donde las razas son infinitas es donde te abren la mente y te muestran que el valor verdadero no es el amor es del dinero y cuando posees cerebros desgatados de miseria y maldad nada impide ponerte tacones, y hacer el mejor show posible para que tus invitados disfruten la magia de exotiques y erotimo colombiana en los USA, llegue para conquistar ojos y sacar las billeteras de los que se llaman inocentes del show malvado y erotico.

Fantasías en las oscuridades y entablar conversaciones pervertidas y alusivas a la noche crearse una doble historia me lleno de poder mis curvas y mi cartera se llenaba de modo ilimitado decidí ponerme mis tacones mirar al público

Sonreír y agitar mis curvas encaramadas en lo más alto de cielo (Tuvo metalizado silver)tome mi bolso de zara brillante y lleno de dolares mi vacío por dentro.

Actualmente ya son 7 años en la industria de bailarinas stripper en el presente sigo usando tacones 2023 y aca les contare como fue toda mi experiencia y sacrificios encontrados en toda mi profesión.
●●●🌶●●🦋🦠👄👤✌●🦍

Me senté inhale y exhale use mis lentejuelas que me llevarian al ego miserable llanto de desapego al amor

¿En qué industria se usan tacones ?

La industria del tacón se diferencia de muchas clases de niñas unas usan tacones para

- ir a cenar

-tacones para ir a bailar

-tacones para ir caminar al mall

-tacones para ir a una cita romántica

-tacones para ir a tener relaciones sexuales

-tacones para ir a bailar en el pool dance

YO use tacones rosados para incrementar dinero y pagar mis deseos fantasiosos.

Esa fue mi industria
mi pasión fue diseñar mi alma
mi arte atraer el amor de todos
los hombres y saber que todos
esos hombres poco me soportan .

CAPÍTULO 2
Mi niñez o los tacones

Desde niña solía ponerme los tacones de mi mamá para jugar a la modelo, recuerdo que la baldosa era de piedra y era algo lisa le decía a mi mamā , yo cuando sea grande quiero caminar por las pasarelas, y ser muy importante. Hacia mis propias pasarelas y tomaba el molinillo con el que se bate el chocolate y hacia mi propia presentación cantando canciones de mūsica para planchar, dando ritmos con ondas agudas de tristeza al sentir ausencia masculina de papă yo ignorante de creer en mi vida y no saber que mis falsos deseos eran solo eso falso deseos

a los 14 años de edad me convertí en niña con tacones y deje de ser niña que jugaba con barbies y ken empecé a limitarme mi camino y lo reserve para vivir cosas oscuras y sucias y maldadosas

mi niñez se fue a la borda no pude fingir más ser niña fui niña con una mente adulta.

la palabra rendirse no hizo parte de mi

Tuve mi palabra favorita y es yo podré con todo no tengas miedo hija sigue adelante tu plan saldrā todo un éxito, no tengas lio con lo que la gente comenzara a decir tienes que brillar ese día. Y todos los dias de ahora en adelante no te tapes el rostro hija usa tus tacones con berraquera y si te apuntan los dedos aprende a señalar el cuerpo y delinear la cuerda negra que se cruzarā

Te mirarás al espejo y dirás lo valiosa y terrible que te puedes convertir.

pase por encima de ti y de muchos más masculinos salte la cerca del peligro y me lance al show de **camila** y ahí estaba yo me sentía temblorosa mis manos comenzaron a sudar más de lo normal mis piernas me sentía muy nerviosa pero feliz al mismo tiempo sabía que tenía muy poco tiempo para construir un imperio y retirarme tenía que ser velőz y audaz **'ferrari girl"**.

Y así fue como me converti en lo más exotico de los bares nocturnos

Aca comienza la historia más exótica y la que se nomina al premio Oscar de la atracción orgasmica .

¿Qué me llevó a usar los tacones ?

comencemos por el pasado para deducir lo que me pasó en el presente cuando, hice esta pregunta tenía 30 años ahora tengo 36 años y a un estoy en lo mismo y con las mismas preguntas pues como, dicen en mi tierra latina los privilegiados serán aquellos que nacieron privilegiados yo nacida sin privilegios estatus social jum que les .Diré a eso ome!! Ahí teníamos la comida ,el mintransporte y bueno no las ingeniamos para sobrevivir canasta familiar y endeudados con los gota a gota y de padres que trabajaban más de 14 horas diarias para llevar viáticos al cuarto donde vivíamos 20 mts al cuadrado diría yo solíamos vivir muy humildemente ,raza social color blanca , cabello rizado y estatura media pero bella esa soy yo ojos grandes y cafes pestañas largas ,labios gruesos y una seducción mental única pero con pocos recursos con una inteligencia aguda una inteligencia ,una astucia ,un romanticismo heredero

así comenzó todo aplique a los tacones un junio de 2012 hora local florida 9:00 pm audición en los establecimientos de la jungla más agradable que pudiera presenciar
mi entrevista fue sencilla y breve sus preguntas fueron claras y concisas mis respuestas fueron agudas y precisas solo firme y acepte asistir a la ola de shows salvajes con propinas eminentes y abundantes

me arriegue y firme y cogí los tacones comencé el mismo dia recuerdo que ese dia tuve que beber alrededor de 8 shots de tequila ese dia fue el dia que mas tenia miedo y pena de saber que iba a mostrar mi cuerpo por dinero para ser sincera solo quería el dinero

enfrentandome a los llamados masculinos por que solo es eso son género más no son hombres de verdad en este trabajo me di cuenta que el hombre denigra mucho a la mujer tanto de sus hogares como en los trabajos es ahí cuando comienza mi lucha contra el hombre el hacerlo sentir más vacío y por el solo hecho de tener que pagar por ver bailes es algo que el hombre solo lo entenderá, y mās adelante les mostraré algunas entrevistas secreta que les hicimos a un par de masculinos y no saben todas los secretos que hay tomar esta desición es mas valentia que otra cosa no podemos pensar mucho ya que aveces solo tenemos minutos o segundos para decir que hay adentro de cada humano si es que en realidad nos llamamos humanos o estamos solo creados por una maquina que se la pasa inventando personaje más malos que buenos es mi opinión "sorry" habemos cada dia mas gente pobre ,vemos como el negro es cada dia mas despreciado por la sociedad blanca me incluyo

anexo muchas veces me he preguntado por qué estoy en este espacio en este mundo? siento que pertenezco a otro siglo de vida más natural y menos negociable

mi infancia no fue nada fácil por eso aprendí más de lo malo de la calle que de lo bueno

mi educación fue ingenua aprendí más que hablar caminar y leer para sobrevivir a esto que se llama vida en mis dedos podía contar números pero en mi mente no podía dividir lo siento no aprendí a dividir más que sumar y multiplicar mi cerebro se puso chico solo contaba historias y tristeza

mi infancia fue noble y sucia el pasar a escuchar balas y tener kens y barbies y ken darse besos y hacer hijos no tenía la capacidad de ver de entender que en realidad está sucediendo en mi niñez ya que hacía todo al revez estaba aprendiendo primero a ser mamā antes que aprender a como era la infancia

todas las navidades mamā y papā regalaban cosas alusivas a la barbie como ropa,zapatos altos,más kenes, carros ,joyas,de juguetes creo que era la más pobre del grupo pero solía tener todas las barbies de collection

Desde ahí empezó mi lucha contra YO misma,mi infancia se convirtió en obsesión   por los masculinos y las cosas materiales .
Console mi soledad y me jugué el todo; ya deje de ser niña a ser una   teneger que solía sacar mocos y comerlos a veces jajaja saben rico kjajajaja.

Me tirabas peitos y algunas veces soñaba que me orinaba en la cama y me orinaba de verdad
pero seguía creciendo y dándome cuenta que había cosas que enfrentar cuando te conviertes en adulto.

Empiezas las cuentas ,la responsabilidad ,lo material, los sueños,las metas,el estudio,el cambio hormonal ,las ideas ,la creatividad ,y miles y miles de pensamientos y ahí estaba yo siempre en mano con una agenda copiando copiando todo lo que me soñaba , yo quería para mi vida pero sabía que era difícil a mi edad y con mi estatus no podré lograr tantas cosas al mismo tiempo   acumulabamos muchas ideas cuando sabemos que ese dinero se hace tan rápido llenamos la mente de creaciones cuando de avanzar se quiere.

Cuando despiertas y miras el espejo y te das cuenta que ya eres grande que tienes que dejar de comer moco,y salir afuera abrir los ojos y mirar que la vida ya no será más fácil para ti que hay que entendernos, a nosotros mismos, que somos como una película que tiene finales sin entenderlos ,
que hay capítulos que se necesita de mucha respiración para asimilarlos que comprendemos que vivir es respirar y respirar es vivir ,respirar para comer
comer para sobrevivir, caminar para tener que levantarme al otro dia y asi otro dia que tenemos que soñar para crecer que ser adulto es más que crecer para reir,llorar, cantar,correr ,casarse ,divorciarse,amar,odiar,perdonar ,lastimar jugamos a Buscar ese dinero que solo llenará cuentas mas no vacíos más No amor sincero

Es ahí cuando escogemos usar tacones y lanzarnos cuando la falta de amor propio nos invade y nos encarcela en sus celdas milimetradas oscuras y cortinas rojas cortas.

Algo me llevo a esas celdas y fue la ambición desastrosa por mostrar ante los demás que ya no hay pobreza en USA
"Triste realidad" "la apariencia"
"El chicanero"
"El que más tenga"
"El que tenga más en la cuenta"
"El que mas viaje"

Eso es el dinero por eso escogemos usar tacones o vender carros o vender en almacenes o ser el mejor piloto o ser la mejor secretaria o ser el mejor arquitecto o cocinar mejor todos hacemos lo que hacemos por dinero por papel por lujuria por obsesión a ser el mejor

Me convertí en " la niña D lo$ tacone$

- Soy una niña con gigantes pensamientos
- Avanzados de superación.
- Criada en familia humilde sin muchos recursos.
- trabajadora de calle y con el verbo bien activo
- Ausencia de padre en mi infancia hasta después de haber cumplido 8 años de edad conocí el afecto padrastral si es masculino pero no será jamás el mismo amor de un real padre

- Fallas en el amor a primera vista tuve 2 amores reales
- Mi leon y yo leona nos fuimos por la misma selva me abandonó y me dejo en la puerta del edificio donde se habitaba la niña
- Romances destructivos
- Nos convertimos más originales y más atrevidas
- Nos convertimos en otras mujeres
- Nos apasiona el dolor
- nos atrae lo malo
- Nos atrae el poder
- Nos encanta la lujuria
- No medimos el tiempo ,solo nos cansamos fácil del tiempo.
- Queremos llenar nuestra vida de abundancia, hacer ver a nuestros amigos quien puede más o quién hará más en la vida laboral nos esclaviza y nos transforma
- a otros orígenes.
-

soñaba en el 2020 tener una vida más abundante cambiar de trabajos ,ser una súper diseñadora de ropa al estilo marcas francesas ,solía admirar el piano y el violín quería ser acústica de mi voz y envejecer en mis notas de piano caminando por las pasarelas de ego abundante que azotaba mi espíritu .

Use tacones y esto pasó

continuacion
chismosito(a)

CAPÍTULO 3
MIS TACONES

"La niña en sus tacones jamas dejara de ser niña solo la vida y las circunstancias. nos lleva a dejar esa niña que tenemos por dentro para caminar por los escenarios."

Nombra algunos tacones y su significado de personalidad femenina

Gucci ● les encanta su trabajo y siempre quieren presumir que ellas son lo máximo y que pueden gastar más de lo que ganan su vida gira solo en el entorno del que dirán los demás.
(su industria la apariencia)
y atrae hombre fanfarrosos

Moschino 🦉 es una niña adorable y ala hora de comprar solo usa objetos más llamativos que lo normal se hace la tierna pero es una forma de ocultar el dolor de encaja su alma.
(su industria la tierna falsa)
y atrae depresivos con $

Dolce & gabbana ■ mujer prudente no clásica le encanta el color fuerte para demostrar su fuerza interna.
(su industria mentirosa y atrae ricos mentirosos)

Puma🐾 niña agresiva ,no le interesa perder mucho tiempo va al grano y pide de una su dinero ama el billete más que la conversada y pasa por encima del que sea.
(su industria la patanería)
atrae hombre tranquilos

Chanel⚫ mujer que visiona el cliente antes de que la noche llegué usa ropa muy ajustada y siempre oscura para pasar por desapercibido .escoge la presa con mucha caución y tiene una energía chimba
(su industria la habilidad)
atrae millonarios sabios

Guess🏷️ es la típica chica del barrio con una grandeza de ahorrar y comprar todos los domingos mas tonterias
(su industria la intensa)
atrae hombres ridículos

Prada⌛ niña super cautelosa ,silenciosa mira muy bien de arriba y abajo los clientes actúa de manera muy sabia y sabe si es la presa hace todo lo posible por llevarlo ,discreta y muy sensual
(su industria la toxica sexual)
atrae hombres super sinverguenzas

Espero hayas disfrutado de un mini comic mundo de los tacones y depende de los que uses te identifiques

cual usas tu ?
yo use los **prada**

tu cual usas marca con una x

- 1
- 2
- 3
- 4
- 5
- 6
- 7

¿Qué sientes cuando usas los tacones?

Hoy es sábado creo que usare mis tacones de armani estaré más cómoda para poder patinar mas mas y no cansarme y por si depronto me tomo unas copas de champagne no me demore en retirarlos cuando se necesite retirar

El trago de la stripper tequila de botella azul con blanco el más costoso y el tequila más fuerte y horrible que he podido tomar no soy de esas jajajajajajajajaja

llegó al club   hora local 8.:00 pm de la noche saco mis zapatos del bolso de nike que siempre uso para los implementos de la noche de sábado
movimiento colores y brillos al flote como se dice mamacitas hoy vamos con toda a hacernos los mil y hasta más por que esa es la meta mil mil mil mil 1000 k jajajajajajajajaja

Sentamos las nalgas en las sillas negras de plástico ponemos nuestra ropa ahí para la altura sacamos los tacones y nos subimos al cuarto piso por que así mismo ya no mides 5,2 si no que mides .
5.5
6.7
5.9
10.2
2 metros
Y siga de ahí pa adelante la que más altos lo quiera llevar el color y el material más brillante siempre solía verse más lindo

yo use los 6.7

\>Nos montamos en los tacones, estamos altas empoderadas, me siento dominante en mi área, la leona sale a la selva y está expuesta a ver los animales feroces de la jungla y los depredadores.

\>Algunas veces que estamos en los loqueres nos paramos de las sillas estiramos en tacones nos miramos al espejo aplicamos brillo la que ora ora la que no no.
Yo oro y digo gracias vida otro día que tengo tacones y espero q hoy no me pesen tanto.
Que no te caigas en ellos y que bueno mamasita aca vamos quiero hacer muchos bailes y quiero muchas propinas y si quizás me gusta el cliente le daré un beso de cortesía (jajajajajajajaja)

Empieza la función...

Frases de un anónimo

En verdad la realidad no existe, y en realidad la verdad tampoco.

>La niña usa tacones pero en realidad no es tacones no existe, las estrellas de show solo es cuestión de danzar al ritmo del sonido americano.

>Yo vivo una vida abundante y la riqueza vino para quedarse en nuestras vidas.

ESCRIBE ESTA FRASE 21 VECES POR 21 DÍAS

CAPÍTULO 4
EL MUNDO MÁGICO DE LO$ TACONE$

Hasta el dia de hoy aún no ha habido una respuesta sincera a mi misma ,no se acierta ciencia que me hizo engancharme tanto a usar tacones nos envolvemos en la linda adición de usar los trajes más exóticos y lujosos para mostrar a los masculinos la sensualidad inocente abrimos el telón y salimos a dar nuestro mejor show o aveces solo salimos nos paramos miramos las luces y pensamos en todo ese público no hallamos una respuesta hasta que el show termina.

Vas al vestier y te preguntas oh jesús hasta cuando tengo que desnudar mis sentimientos enfrentar una serie de preguntas a tu cabeza y comienza el show dentro de ti le hablas a la conciencia de aquellas posibles preguntas sin respuesta a un y se que envejeceremos niñas y seguiremos preguntándonos qué hacía esos tacones mágicos que queríamos usarlos siempre pero que sabíamos que esos tacones eran la perdición y adición al poder malo y perverso décimos que facil .... fácil usarlos dígame usted si fue fácil por que para mi fue algo que jamás borrare de mi cara y mi corazón
lidiamos con los masculinos idiotas y tarupidos del planeta lo único bueno de todo es ver como entregan todo y ponen tu cartera a toda mi disposición .

También te aseguro que ver tanto idiota yo saque el mayor provecho de esos idiotas los use a mi favor tanto que me dieron una vida llena de materiales pero aclaro: mi material conlleva más significado que otra cosa siempre que recibí dinero fui lucrativa limpia y agradecida para poder atraer mas y mas de la mejor manera posible todo el dinero que buscaba en mi nueva profesión creando una independencia económica muy alta un brillo y un amor por el dinero nos convierte en amor por el dinero mas no apreciación por el dinero.

Mi mente cambió desde que pise el país de miami florida la stirling mi mente se enamoró y me dormí en los muebles más orinados de perros feos y sucios y ahí comenzó mi historia era el amor o era el dinero.

Después veras mas de este capítulo ●
por ahora oraré para salir con mis tacones a darla toda!
(no ve que quiero muchas cosas para navidad jajajajajaja)

Que comience la Declaración

$ estoy vinculada a la abundancia económica ilimitada del universo

$ estoy vinculada a la abundancia económica ilimitada del universo

$ estoy vinculada a la abundancia económica ilimitada del universo

$ estoy vinculada a la abundancia económica ilimitada del universo

$ estoy vinculada a la abundancia económica ilimitada del universo

$ estoy vinculada a la abundancia económica ilimitada del universo

$ estoy vinculada a las abundancia económica ilimitada del universo

$estoy vinculada a la abundancia económica ilimitada del universo

> 🖊 Escribe esto 21 veces atraerá los mejores clientes en la noche Y mucho dinero

"Siempre muy enfocada orando y meditando para que mi noche sea grandiosa y todo salga perfecto algo que jamás deje se hacer desde el día que empecé mi profesión fue confiar en jesús y decirle que esto era temporal que me disculpara y me diera sabiduría para construir lo que quería."

>Esta imagen te mostrará todas mis agendas y mis prácticas espirituales para atraer todo lo que necesitaba para completar mi misión por la tierra.

¿Cuántas millas y calles recorrí durante mi labor con tacones ?

>Clubs

Cheetah(Sarasota)
2 años (2012) (2013)
vivía cerca del club y manejé alrededor de 28.800 millas manejaba 16 millas diarias entre ida y vuelta;lo hice por 6 días a la semana en 300 días al año por año maneje esto.

Palm b (WEST PALM BEACH) 1 dia (2014)
Maneje 18 millas de ida y 18 millas de regreso (no volví saben por que me cogieron en secreto pusieron gps en mi carro y caí jajaajjajaj pare con mis tacones.

Rinocerontes (RHINOS VEGAS) 2016-2018-2019

2 años maneje desde la summerlin hasta la calle de rhino por 4 dias a la semana o 7 aveces 9 millas de ida y 9 millas de regreso, el tiempo que estuve manejando fue muy crucial iba por décadas me regresaba a miami y me la pasaba de vuelo en vuelo.

Cheetah again (SARASOTA)2021-2022-2023

Manejo desde north miami a sarasota dos veces al mes manejando de ida 221 millas y de regreso 221 millas lo he estado haciendo por 3 años, yendo dos veces al mes manejando por mes 442 millas al mes manejaba 4 veces
total al mes 884 millas, para un total de millas manejadas hasta el momento 23,868 millas.

Fotos Del club Donde trabajē "gracias club eres el mejor de todos los clubes que pude conocer, muchas gracias por tenerme atrapada en las celdas ....

81

Para llegar a usar tacones y triunfar en el caótico plano terrenal de ambición y codicia tuve que usar TACONES

Para ....
Tacones y distanciarme por miles y miles de kilómetros para despistar al enemigo lobo.

Recuerdo haber manejado tanto que en ocasiones era muy oscuro las calles de la trayectoria del club a mi casa donde me hospedaba por días o quizãs semanas manejas en medio de las tinieblas de la madrugada del fin de semana 3:00 am con mi cartera de brillantes en la silla del pasajero.
Repleta de abundancia económica hay circunstancias de la vida que te toca recorrer caminos con vidas misteriosas y dejamos la vida real ,y ya no es tan mãgico porque usas tacones para dejar la vida mágica De mamã por convertirte en una seductora de los masculinos es muy retrograda la vida ganas dinero pero pierdes tiempo que jamás volverá te pierdes entre tu y pierdes lo valioso ,empiezas a actuar con otro personaje y tu actuación es de tal manera que solo tú reconoces la grandeza de ese show cuando sale al escenario.

Tuve que manejar la calma en mi alma porque suele aplastarse.

Entre los tubos nos llenamos de morados en las piernas ,nuestros brazos duelen de cargar el vacío de otros y nuestras piernas pesan,de andar por los pasillos tratando de coger un masculino para obtener la cuenta de su banco.

Tacones

Caminas entre 8 a 10 horas con quizás 400 millas o más depende del día y en tacones.

-Usas ropa interior quizás muy pequeña.

-Bailar más o menos 12 canciones en el escenario.

-Un sábado puedes bailar entre 60 canciones.

Así me vestí para un sábado de mucho Dinero!

>**Continuacion.**

♥ or 💰 Amor o Dinero ?

Mi lema todos me desean pocos me soportan ,aman entre rejas inseguridades ,mentiras,fue y hace aún parte de mi entorno ,pude haber pasado por los menos 3 romances, en total en mis amoríos por los 36 años pero si es cierto que solo se ama una vez ,solo se siente esas cosquillas en el abdomen una vez. Y ves pasas a saber que amastes tanto a un masculino.

pero pude dejarlo pude sentir las ganas de comerme el mundo con mi propio entorno y egoísmo y falle me destrui lentamente poco a poco estaba destruyendo el amor sin darme de cuenta que el sólo pasaría una vez por mi camino yo Yenyfer provoque el propio desamor fracase en la palabra llamada amor por siempre eso quedo en mis novelas de fantasía cuando estaba escribiendo este capitulo tuvo una pausa de segundos donde llore y llore y sentía miedo y arrepentimiento había descubierto que pudo más el papel llamado dinero que poder amar a alguien con lealtad y honestidad al escribir estos renglones me hice la misma pregunta que llevo generando hace 3 años ¿por qué lo hice ? por que preferí lujos y bills,y desamor,y soledad,y angustia,y baja autoestima si yo me busque todo eso yo había causado dolor a quien ame con tantas fuerzas y mi alma latía fuertemente al verlo.

Había apagado la llama esa niña por usar tacones y vivir una aventura que la atrapó por años y la tuvo aislada de la vida real si esa niña dejó todo por usar tacones y hacer el show, no obstante una niña desamparada siempre está en busca de amor en busca de ese pasado y tu misma te limitas a dejar entrar otras personas por que quieres volver ahí de nuevo donde tu no debistes de haber salido jamás te empeñas en atraerlo de nuevo y para que? no te has preguntado una y una vez más niña no respetas el juego ...

Tienes que continuar con la siguiente página de tu libro y es hoy 08-10-2023 " camila está en su nueva transformación antes dejó el amor por el dinero y se condenó a vivir el desamor profundo pero dejaré de limitarme y entrare a la nueva era del amor propio y misericordioso de mi,si seguía en el mismo dolor, dejó que la vida la guiara más presente de Jesús si niñas hoy escribo a este cabron dolor se recarga en mi corazón y se que de muchas de ustedes también porque como yo usted también sufre de amor en los tacones.

No se mientan a sí mismas las mujeres en tacones no podemos sentir el verdadero amor. No somos aptas de amar y si ese masculino permite amarte asi el amor de él está más allá de verlo con amor es algo material entre los dos ....posible exista amor real pero no durará mucho eso en las mañanas y decirle que lindo estas /// si wow claro q maravilla la belleza pero dime si tu te levantas a mi lado yo te dire.

"Qué mañana tan resplandeciente el sol brilla como tus ojos."

La niña prefirió el Dinero.....

Les ANEXARÉ una imagen Q" solo E$ Apta para gente con cerebro avanzado.

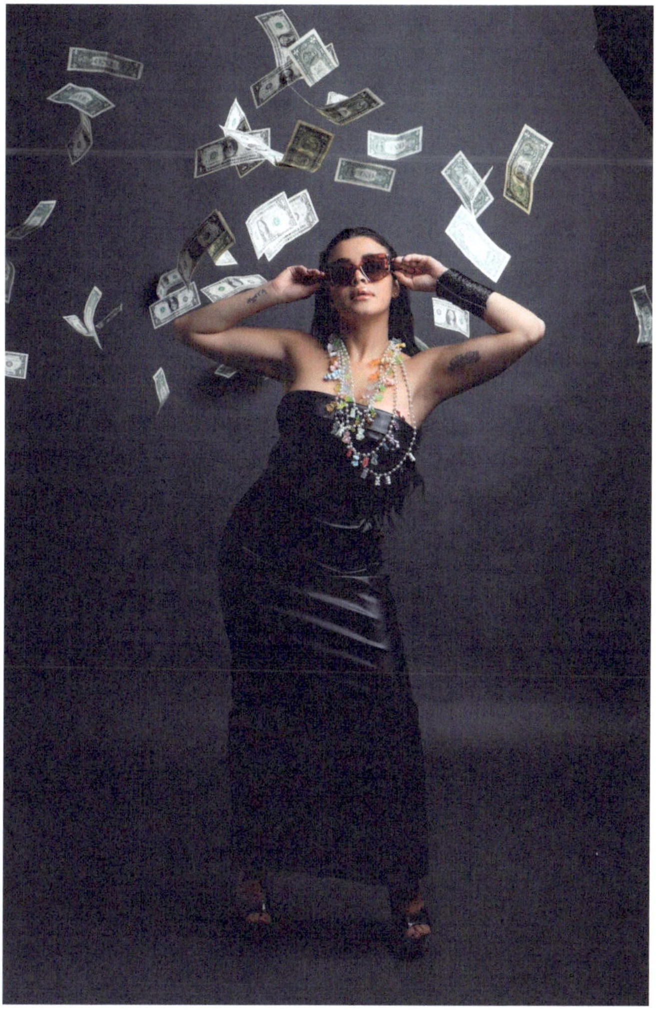

✺Poesia Burda✺

Te dire algo palabra amor

(jummm) que escalofríos me hicistes dar, se erizó mi aliento y mis piernas tiemblan de cosquillas de amor por ti, te soy sincera amor ,no se que es el amor pero si se que se siente sentir amor, y me abrumaba en las raíces de los árboles y te esperarē pacientemente a que me devuelvas un pedazo de amo,.el amor que un Dia se me esfumó de mis manos;pues hoy no temerĕ de cupido de nuevo si me flechas, espero sea de por vida.... Queridos niňos y niñas ojala pudiera decir de por vida me quedaría a tu lado, pero dejame ser franca , ya que esa palabra no existe la vida es hoy y ahora y ya .... no hay mañana no hay tiempo ,no hay más horas ,jesús te dijo actúa hija porque puedes desvanecer los arcoiris de tu camino y así es niñas cuando decidimos irnos por vidas fáciles y caminos oscuros,tenemos que entender que el amor no volverá lo soñé y lo cree en mi mente desde el primer dia que entre como bailarina de clubes tenía claro que yo iba por algo grande que ese ángel iba a llegar a mi vida y me diría ya es hora " camila" vete de acá corre y coge tu nuevo coche es tiempo del amor propio hacia ti.... iluminate iluminate iluminate niňă es tu momento de dejar tu legado y amar amar amar.

Repítelo conmigo

Toda la energía del amor está dentro de mi soy merecedora del amor en todas sus formas y expresiones el amor aporta alegría y energía a mi alma.

Yo creo en el amor

Yo tengo mucho amor

Yo soy amor

El amor llego a mi hogar

y verás..................

Y me olvido del amor......

....me enamore del amor.

Necesito vida amorosa si claro que si eso se mantiene presente y que si siento algún síntoma de protección ,crecimiento ,grandeza mutua ,prósperos para crecer,crecer juntos y crear algo mágico si llega ese ser de luz a mi es por que ese ser será para darnos luz entonces ahi volvere a ser yo volveré a ver el océano azul y la luna blanca

permaneceré obstante y incrédula que tu amor fue puro niña pues miramos las luces muy a fondo y cuando llegamos al verdadero color " el narcisismo" atraviesa la fecha

CAPÍTULO 5
MI VIDA

En qué aspectos de mi vida como bailarina me hicieron ser mejor persona?

Como bailarina he experimentado infinidades de cambios personales, humores, energías, habilidades es importante recordar que cuando escogí mi profesión como bailarina " la niña D lo$ tacone$" quería retarme a mí misma a ser la mejor a llevar el atuendo con la mejor personalidad.

Ser mujer de noche y mamá de día me hizo mirarme al espejo y encontrar la magia que llevaba perdida, modifique mi armario de ropa y me avance a nivel que llaman " encuentra la perla que hay dentro de ti ..... ya tenia mas de un reto en mi diario ya era bailarina y hacía miles y miles de dólares pero quién era yo realmente esa mujer? sabia que tenias mas de dos aspectos en mi cuerpo sabía que puedo ser tan talentosa que podría haber llegado a ser presidente de mi pais .....ojala si no he muerto para esos tiempos de colerismo y nacisrcismo creo que haría lo mejor por mi pueblo espero no haber muerto ....

"DECLARADO"

Continuamos toma 240 sigues Yenyfer sigues sin dejar de mirar atrás aunque cargues las piedras llevándolas a esas montañas para reafirmar mi castillo blanco, me hice mas humana y mas conciente de mi territorio sabia que esto era momentario y que tenia que tener mās matematicas en mi corazőn que plumas de color rosa (jaajajaja si entendio entendioooooo ....)

>fortaleció mis neuronas de cocaína y euforia
>Me llenó de valentía para taconear 10 horas

>Me hizo mas mujer, y me doy un premio oscar
Quien pueda existir y contarlo, levantemos nuestra voz y si niñas usar tacones te enseña que las mujeres son de hierro que poseemos tanta luz que los hombres tienen que ir a pagarnos para nosotras depositarle luz a su cerebros bastardos.

>Somos tan únicas y sucias y ocultas y misteriosas que tan solo el maestro que entra por esa puerta ya sabe que pájaro le cantara en su noche.

>Somos amigas y guardamos miles y miles de secretos cargamos con piedras ajenas y animamos el silencio del dolor.

>Reanimamos a cualquier orquesta y activamos el show a un flow pesado minado y armado de valor.
>Me llene de aspectos y no solo use mi dinero para ser bella me empodere y actúe.

Siguiente escena ....

El chisme está muy bueno jajajajajaja

En las finanzas: a menudo las luces de la noche te ofrecen la oportunidad de ganar tranquilidad,elogios,regalos,y dinero/o salario como lo quieras llamar solo cierras el telón rojo y las horas son recompensadas, por oro y lujuria, cuando generamos dinero empezamos a monetizar los sueños e ideas y empiezas a tener más confianza en ti misma; tu actuación en el escenario es más confiable caminas y confías en tus tacones mis piernas se hicieron más fuertes.

No tuve más que vergüenza de líneas que afectaba mi abdomen, de resto considero que realice el papel correctamente y todos mis aspectos los hice crecer.

>Habilidades de comunicación:

socializas con tantas cultura,géneros,colores, personalidades, gestos,conoces tantos hombres que al final termina siendo la mejor consejera de novelas falsas de amor y comunicas a los tuyos sos y serás la mejor consejera del tubo de metal.

"Nunca deje ser mejor siempre fui mejor"
Les contare estas anécdotas QUE ME PASARON AL descubrir la habilidad de comunicación de un cliente y la bailarina y te contare estos mini secretos .

Por si algun Dia quieres usar tacones:

👠 Cuando llegas a la mesa de un cliente y este se ve medio creido y tu le saludas y él responde muy seco pues tu tranquila tu se igual tranquila esperas 5 minutos y le dices me llamo camila y usted? y no responde nada o muy seco es por que ese el que te dara mínimo media hora contigo no le gusta que le hables solo quiere bailar rapido.

👠 Jamás saludes a un cliente cuando este esté entrando a la puerta deja que se siente.

👠 No comas goma de mascar no te verás glamurosa y solo haras que te vean como con tacones baratos.

👠 si te da chance de hablar toma temas, interesantes se chistosa ,mas no tan sexy y habla mas de tu vida que la de él eso lo llenará de confianza y sabrá quien le bailara.

👠 Importante si quieres que ese cliente vuelva ...hazlo feliz en su casa no lo es (jajajajajajajaaja...)

>Y si de casualidad te enamoras de un masculino nocturno pues si tiene dinero me gustara mas y si me hace un venmo estaré más dichosa seguiré construyendo mi castillo.

>Algo muy importante niñas trabajar en estos clubs tiene muchos beneficios pero también muchos desafíos.

Está bueno el chisme ???

Describe 5 aspectos que te hacen SER una mejor persona:

1_____

2_____

3_____

4_____

5_____

¿Cómo me afecta usar tacones la vida nocturna ?

Yeah hello !!! el llamado de emergencia muscular articular, varices por reventar jajajaja hay niñas ser bailarinas es como medio complicado ..lo único bueno es contar el billete o no?

yo me propuse bailar 6 dias a la semana por 3 meses,dias si dobles y dias que no podia dar mas pero me entregue tan de fondo a estos tacones que me olvide de la vida de día me convertí en vampira en el camino oscuro y de lentejuelas para excavar y excavar ...sin saber que estaba atropellando mi cuerpo mi espalda estaba en dolor muscular mis pies me sudaban más de lo casual; tu cerebro tiene que pensar todos los días que idioma hablar y que mentiras más contar .....buuuuuuuuuuuuuuuuuuuuuuuu

Me agote y empecé a diseñar mi nuevo futuro y todo lo que afectaba lo guardaba en mi corazón para seguir continuando con el show.

- te afecta tu vida real tus amistades ya no te invitan a cenar
- el sistema inmune

- las arrugas se llegan más rápido
- el estómago duele mas ... abusas de imparables copas de champagne para olvidar aquella escena del libreto

- duermes mas de dia que de noche
- tienes la dopamina activa al 80%
- tienes más vacíos y angustias
- las cuentas suben más y los intereses; porque ganas más $

EL AMOR VERDADERO DE UNA STRIPPER ES EL BILLETE DE 100 USD

CAPÍTULO 6

¿CUÁLES SON LOS DESAFÍOS?

Niñas si cuando entramos a este mundo nocturno tienes muchos desafíos y pruebas que al final de la vida te hacen una sobreviviente a la fuerza y somos un poder de niñas somos importantes entre nosotras mismas ,para mi desafiarme fue más un reto de mujer poder demostrarme que no era solo dinero el ser parte de esta experiencia si no mostrarle la valentía que yo tenía , te haces tan fuerte que te conviertes en una luchadora de lidiar con personas insolentes y otra muy educadas para ser sincera hay mucha insolencia en este gremio aparte tenemos que lidiar con la envidia que se cruzan entre las mujeres que tal vez tiene otro nivel de vida y se compararon con el tuyo muchas personas de este gremio sufren problemas mentales y físicos .....en mi lugar desafíe el amor ,las amistades ,mis hijas la vida social ,la familia desafíe mi vida y me encerré en la rejas del poder y el dinero desafíe y gaste mi estado físico ya que constantemente me someti a un nivel alto de estrés físico y mental.

¿Por qué? porque lidiaba con palabras absueltas por que tenia la presión del hombre clandestino y morboso que solicitaba mis bailes llevando mi energía a bajos niveles ,pasamos dias y dias y horas y horas entablando temas de conversación alusivos al dance desgaste mi cerebro y recibí una suma muy buena por mis servicios .Hacer parte de estos clubes es estar atento a la competencia,envidia,y rumores y la industria es demasiada exótica y sensual y puedes alterar la competencia desafiar a la niña que se instala en un cuerpo de mujer ordenando mi belleza siendo una princesa; en absoluto más que desafíos son historias lucir brillantes, glamurosa, sexy .con el mejor perfume marrakech y luciendo mi rolex USD 10 mil si asi somos desafiamos el poder y la lujuria nos presentamos y nos hacemos creer que somos las damas de la noche, la noche se vuelve desafiante y conmovedora se aproxima las luces y los show desafía tu cuerpo a ser la mejor pues ahí vienen las propinas, no obstante estamos a presión constante por mantener una apariencia física muy particular y tenemos que cumplir con los estándares para que vuestros masculinos escojan su carnada nuestro ritmo de vida es desafiante ,que te lleva a bajar más kilos de los normal, y a poseer dolor de espaldas más continuos y tu mente se deteriora... los tequilas entran al riñón y tu cabeza se contamina de licor para continuar con el show.

¿Qué obstáculos se interpusieron en el camino ?

Lidiar en la jungla del dinero con animales desafiantes y locos depravados si me enseño muchas cosas maravillosas si eso es fue un desafío fue un camino lleno de lujuria. Lastimarme la mente y el higado, fue más que eso lastime mi cuerpo y le puse heridas que jamās sanaran ni yendo A un sipcologo si eso paso fui pensando que mi camino estaba mal ubicado y la mal ubicada era yo, tenía inconformidad con mi pasado, tenía ira ,me sentía sucia,me sentía sin amor y para ser cada vez mas sincera con ustedes y conmigo misma gracias a dios los únicos obstáculos fueron perder el amor por poseer una vida llena de mentiras eso sí baile ,cante brille los masculinos eran felices de gastar su dinero conmigo hacía muy bien mi labor y más sin embargo los masculinos a veces te hacen sentir menos que ellos ,te critican tu cuerpo aun siendo perfecto o imperfecto suelen darse el ego de poder decirte no me interesas cuando lo único que deseas aveces es solo poder gritar y decir soy mujer valorame en mi paso por estas zonas oscuras me encontré con más 1200 personas que hicieron parte y dejaron huella en mi cuerpo esas personas todas llegaron y se fueron, pero cada una de ellas me dejo una linda lección de vida que todos te aman pero pocos te soportan." <u>Todo es momentáneo y nada dura para siempre.</u>

>¿Cuáles fueron los aspectos más decisivos en las siguientes áreas ?

>¿Cuáles fueron los acontecimientos más importantes?

Se los resumiré en pocas palabras.

AMOR & FAMILIA

> DECISIONES DECISIVAS
> ADMITIR QUE EL AMOR LLEGÓ CUANDO NO LO NECESITABA

HIJAS

> AUSENTARSE Y DEJAR QUE MIS PAPAS CRIARAN A MIS DOS HIJAS MIENTRAS YO BUSCABA CÓMO PAGAR TODOS MIS PROYECTOS.

> TUVE QUE ABANDONAR MI HOGAR Y ME PUSE LOS TACONES ME LLENE DE VACÍOS Y RISAS FALSAS.

Amigos, comunidad.

> SIEMPRE CONOCES AL MÁS GALÁN Y TIENES UN ENCUENTRO AMOROSO PERO SOLO SERAN HORAS JAMAS VOLVERAS A VERLOS

Intelectual

> ME VOLVÍ MÁS SABIA Y ASTUTA NO ME QUEDARÉ EN ESTE LUGAR ..SERÉ MUY INTELECTUAL

Finanzas

ME COSTIE UNA VIDA FANTASIOSA, ADINERADA, Y LLENA DE DOLARES EN MI CARTERA PUDE COMPRAR EL AMOR POR 8 AÑOS

COMPRE AMOR Y AL FINAL SE FUE Y ME DEJO MIS FINANZAS NO ERAN SUFICIENTES SU AMOR SE ESFUMÓ

Trabajos y estudios, vida profesional

> SIGO BAILANDO Y HACIENDO EL SHOW PERO MI CEREBRO EVOLUCIONÓ Y LOGRE EL OBJETIVO $$$

Relación, aficiones, creatividad

> VISITE DOCTORAS DEL ALMA, MEDITE Y TRANSFORME MI VIDA EN OTRO NIVEL NO ERA SOLO DINERO

> MIS AFICIONES MIS PELÍCULAS DE AMOR Y ROMANCES ,ESCUCHAR MUSICA Y LEER LIBROS DE SUPERACION

> EN EL ASPECTO CREATIVO EL DINERO ME HIZO MÁS INTELIGENTE NO LO USE PARA ROPA CARA LO USE PARA CREAR MARCAS Y HACER VENTAS

> DINERO QUE LLEGÓ A MI CARTERA LO USE PARA MI CASTILLO Y EL DE MIS HIJAS

Salud, estado físico

> SIGO ENFERMA ME DUELE EL ALMA, NO SE COMO SANARLA, SIGO SIN AMOR PROPIO PERO MEJORANDO MI FÍSICO Y PONIENDOME BELLA CADA DIA

> ME DUELE EL CORAZON POR RATOS PERO ESTOY LIBRE SOY UNA NIÑA "NAMASTE"

> ESTOY MUY FELIZ ESTOY DISPUESTA A RETIRAR LOS TACONES Y TU?

Emocional y espiritual

> COMO BAILARINA SIEMPRE ORAR ANTES DE ENTRAR Y MEDITO ALGUNAS VECES PARA ATRAER TODO ES DINERO QUE NECESITO PARA CUBRIR MI MES.

> NO TENGO RELIGION PERO TENGO MUCHA FE QUE ALGO BUENO ESTÁ POR LLEGAR TU TAMBIÉN LO SIENTES?

Te dire seis frases sobre el año pasado

1. Haber usado tacones y haber creado mis marcas con ese Dinero

2. No permitir que las personas exteriores me consumieran mi energía.

3 Luche contra vientos y mareas por ser la mejor stripper.

4. Me enamore de mi misma.

5. Apoye a todas las niñas con tacones y fui una mentora increíble para todas ustedes mis palabras fueron siempre de autoayuda y superación espero les haya servido

6. Siempre se feliz aunque nos toque bajar la cabeza muchas veces, y no permitas que las cortinas rojas te arropa el alma.

La lección más importante Que aprendí:

☐ respetar   ☐ Crecer
☐ Valorar   ☐ Callar
☐ Enfrentar   ☐ Asimilar
☐ jamás dejar que   ☐ cultivar
   otros te pisoteen

Escribe 6 lecciones de tu vida mientras tuvistes los tacones:

1 ———————————————————————————

2 ———————————————————————————

3 ———————————————————————————

4 ———————————————————————————

5 ———————————————————————————

6 ———————————————————————————

gracias que bien lo has hecho!!!

Como los controle?

Para ser bailarina tienes que tener algo bien claro que afuera el mundo se come medio mundo y tú tienes que comerte ese medio mundo si no te comen a ti y te devoran a pedazos.

Lo mio fue mas inteligente tuve la habilidad de saber destruir patrones negativos en el momento del baile o conversación.

Atrai paciencia , y acepte cosas, escuche ruidos y solo aprendí a callar y ser la mejor en escuchar pedí a mis budas y santos que me dieran la palabra perfecta para poder tomar el control de todo me realice una película en mi mente y ;la astucia flotaba por mis venas pude controlar a los masculinos y darle la mayor satisfacción.

Cuando enfrentas a los animales de la selva nada te salvará mas que tu obra y tu show así que supe dirigir la obra y llevar a mis animales masculinos al cielo con mis manos y mis curvas y supe controlar todo aunque a veces se saliera de control el cuarto oscuro.

Tuve que experimentar clientes agresivos con su dinero y manipuladores que me hicieron la vida de cuadritos ... llenando mi vasija de oscuridad pero saben algo pude controlar mis emociones y saber que tanta fe que yo tenía de salir seguía en pie y así fue.

Continuacion

Les ha gustado?

Si o No ?

marca con una x tomale una foto y posteala en mi redes te aseguro que la postaree
@la_ninadlostacones (instagram)

FOTO RESPUESTA

¿En qué momento descubrí mi crecimiento personal?

Desde muy niña descubrió que tenía muchas habilidades mentales y talentos perversos, atrae todo lo que deseaba pero nada valoraba.
siempre he sido super soñadora tenía claro que si usaba tacones era para hacer cosas grandes como lo dije en un capítulo anterior, no iba a ponerme tacones solo por aparentar algo que no era yo, era para llevarlos bien puestos y usar todas mis habilidades para ser alguien más que una simplemente bailarina de clubs.

Materialice cada dólar en sueños así que construí muchos sueños y metas que estoy alcanzando lograr.

No fui estupida dinero que entraba dinero que invertía y eso si gaste tanto dinero en masculinos que ese dinero fue lo único mal invertido ....no amor no sere mas cachonda con los hombres solo quieren eso mas no pasión, no amor leal

Mi crecimiento personal fue creciendo tanto que me miraba al espejo y hablaba tanto a solas que tomé la mejor decisión de mi vida.

Monetizar y hacer realidad cada uno de ellos era mi prioridad y así fue ser soltera en los tubos de los estados unidos me lleno el bolsillo de dinero y el alma se convertía más vacía pero era más ingeniosa era inteligente solo me faltaba hacerlo más práctico.

Me puse bien los tacones y crecí tanto personalmente como espiritualmente , en mi mente se que fui y seré la mejor bailarina así mismo. Me hice la mujer más consciente y aclare cuanta idea aparecía por mi cabeza

- Me hice la mamà más fuerte

- lleve bien mi puesto y nadie tuvo queja de mi !!1

- Me aleje de las drogas sintéticas y deje de abusar del llanto le dije vete tengo que continuar con mi misión y labor por esta tierra tengo que encontrar la felicidad y el motor a mis días no importo

- Ser madre soltera de dos hijas

- No importo sufrir del desamor de un hombre que usó mi inocencia para destruirla

- No me importo las palabras de chismosos y chismosas

- No me importo la hipocresía de seres que decían ser mis amigos

- No me importo dejar un pasado y enfrentar un presente

- Me desafíe me organice y me puse mas los tacones

Continuación

Asumí mis actos y seguí bailando al son de los tambores y los tubos plateados lisos

Jamás deje de ser una niña en tacones ....

A partir de ese día que tomas el control de tu vida y tus tacones es ese el día, que comienzas a controlar todo lo descontrolado.

Sigo en los show y me controlaré más asumiré mi responsabilidad y no me limitaré a seguir soñando y Desafiando y obteniendo crecimiento personal al 100000000000000000000 ya verás más y te encantará usar tacones con propósitos y misiones.

CAPÍTULO 7

¿QUÉ CAMBIOS HICE EN MI VIDA COMO BAILARINA?

He mirado realmente al ser humano que soy o solo la persona que creo que soy ?
y he llegado a la conclusión que vale mas cambiar el ritmo de música y continuar escuchando la misma aburrida canción

Me admiro demasiado me coqueteo y me amo por que dude mucho del potencial que era yo cuando pude realmente ver lo que poseía mi alma me demostré que más que bailarina somo seres lucrativos y maravillosos que podemos hacer y ver lo que queramos ,podemos ilustrar el camino y darle vida a lo que no tiene vida, me respete tanto que los demás empezaron a respetarme ..si cuando te amas a ti mismo empiezan a surgir cosas extraordinarias y eso vivo ahora.

Cambiar de actitud y de mente sin ser la misma niña; usando tacones pensar en cosas grandes y manifestar todo mi nuevo universo a eso me dedique y acá es uno de los pasos más importante de superación soy yo me superé y me hice más grandiosa .

Cambie mi manera de ver el planeta percibiendo cada señal DE JESÚS!!

Cambie mi mente y genere ideas de negocios para emprender mi nuevo rumbo.

Cree el futuro mío y de mis hijas

Me olvide del pasado

Y vivo el presente en absoluta fe y paz

Hice estos aspectos que hicieron mejor mi camino y fui más decisiva para alinear bien mis chakras y comenzar un año diferente así será mi 2024.

> EL AMOR CRECE DIA A DIA EN MI CORAZÓN

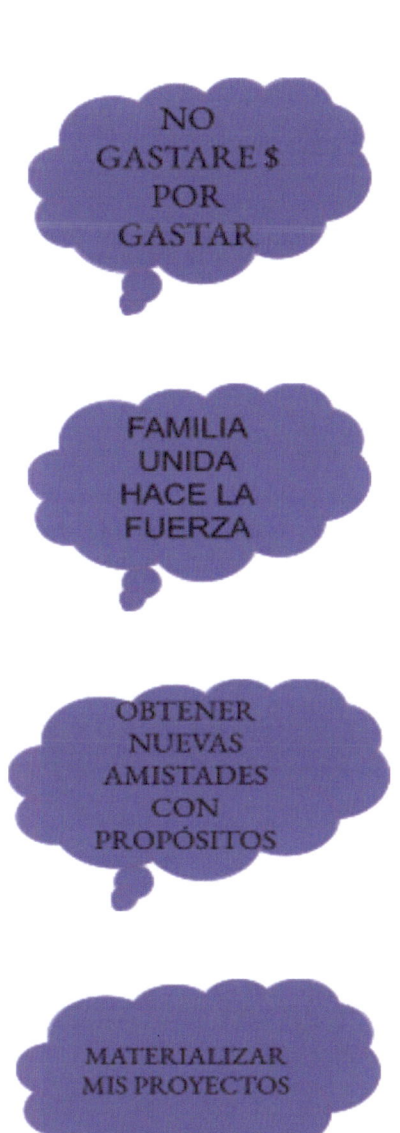

- NO GASTARE $ POR GASTAR
- FAMILIA UNIDA HACE LA FUERZA
- OBTENER NUEVAS AMISTADES CON PROPÓSITOS
- MATERIALIZAR MIS PROYECTOS

TAREA
Describe Tu 2024 En 3 palabras

1 ————————————————————————

2 ————————————————————————

3 ————————————————————————

¿Sentiste dolor o felicidad en la trayectoria como bailarina?

Esta pregunta me la hago mucho en el espejo cuando estoy sola manejando camino al pueblo donde me escudo y me escondo para guardar mi secreto como bailarina recorro mas 225 millas al rededor de estar manejando 3 horas y media, pensando el por que escogi este camino el que me hace llenar mi vasija de esa manera ,el por que mis proyectos se detienen y no dan frutos.
¿Qué es lo que queremos ? ¿Esto me hace feliz ? no creo no soy feliz tu eres feliz ? solo soy consciente que hacemos tanto dinero que nuestros corazones se nublan y todo lo que vemos a partir es brillo es oro es moneda que me llena de felicidad en su momento me da tranquilidad.

Cuando aterrrizo a mi pueblo magico parqueo mi carro huinday santafe negro 2017 apago el motor saco mi maleta rosada de nike y entro al lugar extrellado y afortunado de conocer si tu club de las maravillas te amo y eres el mejor club que he conocido.(CHEETAH).

Cuando estoy ahí adentro mi nueva personalidad sale a flote y comienzo a ser la niña en tacones y mi cuerpo verdadero se enfrenta a manos y dedos y caricias mi mente se teletransporta y solo veo enviando mi dinero a otros países para generar trabajo y prosperidad eso me das tu prosperidad tan abundante que nada hace falta en los cuartos oscuros todo es felicidad ?? ¿realmente ? ¿Qué tanto somos felices al desnudar el alma ?

Comienzas el show, y cuando termina tu dolor comienza.

¿Dolor ? o revisar la cartera ?

Felicidad

Así me describe mi felicidad de haber entregado los mejores años de mi vida a estos trabajos , los nombraré y tú harás lo mismo.

Que comience el juego!!11

🦞 El hombre langosta ....
se viste con ropa muy deportiva para pescar siempre mantiene cash y son demasiado amplios con un solo baile puedes obtener que tu día sea genial .

👤 Gringo de jeans y camisa blanca con tennis new balance blanco ese fue el papá noel de la noche te hará tantos bailes que saldrás con la cartera como el bolso de papá noel.

🗽Los americanos de new york wow los amo son super amables y muy muy copartidarios ofrecen cantidades alarmantes y son muy caballerosos ese dia no sales del cuarto y te vas a casa con la cartera llena.

Dolor

Si te ignoran y la mesa esta muy buena.

Si bailas a alguien que quiere pasarse de listo y tocar de mas

Si te dan palmadas en las nalgas.

Si no te dan propina.

Si pides una copa de champagne y te la niegan.

Si hay muchas niñas y pocos masculinos.

Si tu manager es muy grosero contigo por ser latina.

Cuando los tacones te molestan demasiado y no tienes más y te toca bailar por 8 horas así.

Si el outfit no era el indicado y tuviste que cambiarlo varias veces.

Yo Yenyfer pase por mucho mucho dolor y felicidad, a la vez tuve un recorrido bastante estresante por los shows nocturnos mi cuerpo ya se sentía desgastado y los tacones ya me estaban pesando más de los normal.

Dedicatorias a mis mejores clientes

Name: **El militar**
tiempo 30 minutos
$ 300. usd
se enamoró tanto de mi que siguio buscandome por que su esposa no le hacia cariños si no una sola vez al mes
Estábamos ahí hablando de su vida laboral como militar de los estados unidos ,perdió su oído izquierdo por los altos cilindrajes de balas que se cruzaron en su camino.confesó que vio mucha gente morir a su lado y que tiene pesadillas.

Me escogió a mí porque ama las chiquitas y latinas esa fui yo hasta hoy somos amigos y me escribe para saludarme.

Name: **El lawyer**
tiempo: toda la noche estuvimos (2.000 $ usd)

juntos en el cuarto tuvimos conversaciones de trabajo me contó lo que hacía en su profesión de abogado, fue tanto el cariño mutuo que quiso quedarse conmigo y duramos 2 años juntos conoció mi familia en colombia nos llenó de regalos a todos... recuerdo que estábamos en un apartamento en el poblado medellin y me dijo acuestate amor te entregare una sorpresa ...puso en mi cama 18.000.. mil usd para mi primer carro .. me propuso matrimonio, nos casamos en michigan usa y duramos dos años en la aventura el sugar y la niña.

Name: **El cuba**
tiempo: toda la noche (2.000)
No me van a creer otro que se enamora o nos enamoramos mejor dicho un señor muy guapo alto ojos claros su olor era muy particular usaba un perfume que cuesta 1,000 usd ya podrá imaginarse el olor de ese hombre que fue mi novio por 2 anos tambien desde que bailo conmigo se enamoró hicimos vida él viajaba a colombia a verme yo aun no tenia visa asi que el iba verme a colombia y pasamos unos días geniales .

fue tanto el amor que me regaló una licorera (llamada las ranas) por desgracia perdí todo lo perdi a el y perdi mi negocio (el uso constante de estupefacientes me hicieron perder la cabeza) se fue.

Name : **El koala**

tiempo: 4 horas (1,600) usd

ahí es como esos cuentos de hadas donde conoces un príncipe maravilloso y este fue un hombre alto acuerpado una sonrisa fabulosa salimos al otro dia a cenar con él sus amigos y mis dos amigas en ese entonces ....nada paso solo compartimos unas copa de vino y hablamos fue maravilloso pero sabía que no era para mi y asi fue nunca fue.

Name: **El private jet**

tiempo (5,000)

cuarto entero bailes exóticos y mucha nieve en los rostros (jajajajaja)pase deli ese dia no habia hablado tanto inglés como es dia hombre alto divino osea re papasito compartió conmigo mucho y jamas lo volvi a ver.

Name: **El griego**

tiempo : (12,000 mil usd)

hombre que se las ingenio para entrar en mi vida y de alguna manera consentirme aun sabiendo que estaba casado me buscaba y amaba hablar conmigo y fumar marihuana en el carro y reirnos por tonterías a ti gracias por los viajes con mi hija, por las cenas,por los regalos exuberante que me dabas.

Name : **El sugar**
tiempo : (6 meses) (32.000.usd)
ay mi señor cuando lo conocí no pensé nada de usted pero sé que usted me conoció y se enamoro por que me dio un fajo de dinero en el mismo instante que me vio en el escenario
y pasamos 6 meses de amistad, la mejor de todas ibamos a los museos.... observábamos los pájaros, tomamos cerveza y nos fuimos de shopping y que shopping mas bueno tu mi sugar me regalastes mi primer rolex muchas muchas gracias por los momentos solo espero que seas muy feliz y que tengas muchas salud aunque nuestra amistad se fue al vacío sin saber por que siempre te recordare y estare agradecida.

Name : **El jefe**
tiempo: todo el dia (6.000 usd)

loco mía loco héroe y respetuoso millonario que me tiraba cantidades abundantes sentía que este hombre me quería hasta que quede en embarazo de mi segunda hija pues obvio lo defraude y dejo de quererme muchas gracias.

Name: **El caballero** de iraq
tiempo: 4 meses (15.000 usd)
 +   8 millones de dólares

jajaja si asi mismo fuistes tu mi caballero que creistes en mis sueños y manifestaciones de que serias tu el caballero misterioso que me daria la nueva oportunidad de ser yo y vistes la real niña que hay detrás de esos tacones vistes mi alma era pura a pesar de usar tacones ...era yo Yenyfer y no camila vistes en mi lo valiosa q soy como madre,amiga,hija y estuvistes ahi para apoyarme me distes algo que siempre me había soñado y era ser millonaria te la jugastes toda por mi y me entregastes el poder que yo sabré entregar a los que van a necesitar de mi te doy infinitas gracias por ponerme como tu hija de jesús y brindarme lo que me había imaginado en mi cabeza sabía que yo lo lograría y así fue no se si el destino nos vaya a tener juntos de por vida espero que si para poder darte toda la vida las gracias gracias se que mi corazón no podrā amarte como tu lo esperas pero podre darte los mejores abrazos cargados de mi mejor energía y te haré reir y tendremos las mejores cenas.

Gracias.

Mi falla mental

Hum sí que tuve fallas mentales perdí tiempo y hombres que me amaron tanto perdí amistades y fui manipulada por los monstruos que se hacían pasar por osos. Inflame mi cerebro de humo use tranquilizantes para mejorar la tristeza del cerebro ...aunque tenía mi cartera llena de dinero mi depresión aparece por días y no se ausentaba fácil, no fue el dinero mi felicidad.
pero si fue el amor mi desgracia a las fallas mentales me hice víctima de mi propio duelo creía en el amor creía en los amigos creía en los cuñados (as) ,creía en la familia,creí en mi misma y esa fue la única cosa verdadera que me hizo seguir adelante.

Ya no confiaba en nadie sentía que los más allegados eran mis traidores y así fue salian lagrimas por mis ojos mi pestañina caía por mis mejillas me sentí traicionada

Di pasos muy grandes para aquellos que solo querían ir atrás de mi para darme el puñal de la traición

Mi falla mental comenzó cuando dejé todo por el dinero sucio.
Y así he pasado años donde nada me hace feliz más que estar al lado de mis hijas y verlas crecer pues con todo el dinero recaudado haré mi castillo y me iré de princesa ya las víctimas se fueron y ahora yo soy una niña con una nueva mente y sin fallas mentales.

Tarea

¿Has tenido fallas mentales ? escríbelas

1

2

3

4

5

Gracias elimina todas las fallas y comienza hacer tu legado YA........

limpiarĕ mi mente de pensamientos impuros liberarĕ mis venas cerebrales negativas, y atraerē más pureza a mi cerebro le daré un nuevo comienzo a mi vida y es ahora que limpiare mi Falla Mental

Oración a mi cerebro

te pido oh mi jesús oh mi Dios oh mis ángeles, a mi buda más claridad para este nuevo comienzo
te pido que le des más sangre a mi cerebro para que funcione perfecto multiplicame la salud y los años de vida para poder disfrutar de toda esa abundancia regalada para mi y mis hijas

Te pido mucha salud Mental para todo el mundo Para eliminar tanto suicidio en mi pais (colombia)

preguntas de mi para mi cuando use mis tacones

¿De qué estás orgullosa?

logre muchos objetivos y aclare muchas cosas en mi vida logre una independencia financiera y un trabajo libre de horarios ,libre de jefes cansones ,y libre de tiempo trabaje los días que quería, y me enorgullezco de mi fui y soy muy fuerte haber soportado tantos tacones y tantas noches oscuras.

No importa el fracaso si piensas en el futuro si le añades a tu vida más miel en vez peper todo será más dulce
me siento muy orgullosa pase a la etapa de encontrarme más a mi misma y reflejar todo lo lindo que dios me puso en mi corazon y asi fue dia a dia les mostré mi cariño y mi lealtad a quienes estuvieron en mi camino

¿Qué tres personas han tenido mayor Afecto en ti ?

Andy valiente (hombre que jamás dudo de mi talento y me llevó a los mejores eventos de miami mostrándome como una empresaria sutil y muy elegante un gran amigo periodista empresario viajador , creyente de que todos llevamos un talento que explorar te doy gracias por darme tu mano y apoyar mis sueños

Silvia tobon

sin tus guías espirituales no habría podido conseguir tanta riqueza mental y espiritual con tus guías pude realizar mi libro y generar un contenido de mucha auto ayuda no solo para mi si no para ti niña que tambien usas tacones

Erika lovely roses

nunca supistes si entregarme tantas cajas con valor monetario para yo crear mi marca iban a funcionar pero mas sin embargo no dudaste en darme tus manos para yo seguir creciendo en mis ideas y negocios me brindastes de tu alma y pusistes todo el amor en mi proyecto que aunque fue un fracaso jamás dudastes en darme esas cajas lujosas de amor para mis fans

¿En qué tres personas has tenido mayor afecto?

En mi me he tenido que dar mucho afecto para llegar adonde estoy ahora

En Libardo mi padre ha sido un ejemplo de lealtad y de darme las mejores sonrisas a un yo siendo un ogro de hija.

en **Yuly fernandez**

mi amiga que siempre coje el telefono para escuchar las tristezas o felicidades de su amiga que esta a mas de 1000 millas pero siempre ha estado ahí para darme la mano y hacerme reír con sus palabras árabes

"Apple"

tu socia y jefa llenaremos estadios de salud y mujeres empoderadas a ti gracias por abrirme tu negocio y mostrarme mi otra faceta como vendedora tu niña que usas tacones se que muy pronto todo llegará a su final y venderemos fleur celeste a toda

gracias, gracias ,gracias.

DEDICA PALABRAS A QUIEN LAS MERECE

Escribe o nombra tres personas y Di por que les agradeces

1 --

2 --

3 --

¡Qué chimba se siente! ¿cierto?

CAPÍTULO 8
MISTERIO DE LOS TACONE$

Mi misión como bailarina

A lo largo de mi trayectoria tuve la oportunidad de conocer y hablar con muchas personas en especial con las niñas de mi núcleo las escuchaba decir sus pensamientos ideas, incertidumbres, miedos y pude analizar que todas nosotras nos da miedo tener trabajos básicos no podríamos sustituir en las casas como lo hacemos ni poder darnos esos lujos y esos viajes.

Así que reuní cada una de esas palabras las conserve en mi diario secreto por si algún día yo salía de estas yo me iba a encargar de leer cada párrafo escrito y detectar la misión que cada una de nosotras tenemos por el paso en los clubes nocturnos.

Entonces organicé mis ideas y enfoque mis letras y conté con la capacidad de que yo iba a ser la motora de cambios para cada una de ustedes niñas; queriendo ilustrar un nuevo cerebro .Dando ideas de negocios y cambiando vidas de niñas con tacones por sastres y oficinas.

SI!! eso haré; esa sera mi mision:
"**cambiar cerebros**"

"llevar sueños a la cima"

"anclar propósitos con misiones"

"ir a todos los cabaret y dar oportunidades de trabajo donde podamos generar los 1k Diarios"

Quiero decirles niñas que la vida es mas nice sin usar tacones que todos llegamos a esta tierra para tener resiliencia a cada una de nuestras vidas, y que somos capaces de convertirnos en lo que queramos, que nuestro cerebro no tiene límites quiero decirle que con mi mente positiva; llegue a tener lo que me soñe asi que tu niña usa tu cerebro y no tus tacones. Cuando tomamos decisiones más inteligentes sobre un trabajo o vida personal y escogemos caminos de más luz todo surge de manera bella y colorida y le das a tu mente más amor propio y surgen estos pensamientos y comienza tu nuevo reto de vida te va a encantar.

● No se desenfoquen de los proyectos y sueños usar tacones genera mucho dinero y solo tienes que ser muy inteligente para que ese dinero no se esfume.

⧗ No malgastes el dinero en tantas compras ahorra e invierte.

✹ Niñas sean visionarias y cuiden su cabeza usar tantos tacones te contamina las neuronas

✦ Nunca pierdan la fé y la esperanza el Customer bueno siempre llega y te deja mucho dinero ...sepan usarlo.

📜 Lean libros de autosuperación
la ley de la atracción.

>Las chicas usan lápiz labial

>La ley de la espiritualidad

>El ego

>El secreto

>la niña D lo$ tacones$

✡ No limites tu mente siéntete valiosa no por el precio de tus bailes si no por la fuerza con la que los caminas.

♥ sean felices ,yo no lo fui y perdí muchos años viviendo así infeliz por eso toma nota y di esto.

Soy famosa por dentro y por fuera.

El universo concede todos mis deseos

Soy poder y luz en tu mundo

Soy feliz y me amo

Soy creyente de que todo lo lindo está por venir

Soy familia y unión

Soy hija y respeto

Soy una mujer que sabe manifestar el hombre de su vida

Soy una mujer visionaria que invierte cada dólar en generar mas dólar

Soy madre y cultivo mi propio camino

Soy bailarina y hago bien mi labor

Soy un género femenino que se tiene que cuidar

Soy un ser de luz y merezco todo lo bello del planeta

Tengo los mejores negocios y género $

Misión

Organizare un grupo de niñas tan empoderadas y les retroalimentar el alma y dejaran de usar tacones para ponerse la chaqueta de sastre más costosa pagada por los ingresos generados en sus negocios propios .

Generar crecimiento personal Y abriremos empresas para ayudar a muchos niños del mundo en especial a mi país donde me crié (medellín).

Donar las primeras 100 copias vendidas en amazon a fundaciones para llenar corazones de amor y salvar mentes obstruidas por maltratos y pobreza.

Llevaré mi historia a las grandes pantallas de televisión y mostraré mi rostro llenando las pantallas de amor y seducción obteniendo más vistas a nivel MUNDIAL!! y vendiendo mis historias demostrando mi valor como niña y mujer en tacones vibrar en armonía alta, y reorganizar mi corazón y tener tiempo para comenzar a ahorrar.

Gracias niñas $$$$$ y Por favor generen tanto amor para el mundo y inviertan el tiempo en leer cantar amar soñar reír vibrar en armonía cultiven comida.

Vamos inmigrantes devoremos la bandera roja con azul y estrellas y usemos la inteligencia del pasaporte azul para generar múltiples ideas y realizar sueños.

-Gracias AMERICA

Goals de una bailarina

la mayoría de mis colegas trabajamos en este campo nocturno por varios motivos personales algunas
- **mantienen familias y maridos**
-
- **para pagar la universidad**

- **para irse de compras a chanel**

- **o simplemente para llevar un status**

Estos son mis goals desde el primer Día que comencé a laborar en los shows nocturnos

- Generar 1.000 usd diarios.

-Salir de compras a lugares no muy costosos.

-Llevar a mi ex pareja de viaje.

-Ayudar a mi familia a salir de tanta deuda

-Estudiar negocios internacionales y diseño de moda ser exitosa en las marcas que realice

-Encontrar el alma gemela y unir nuestras energías

-Tener libre adverbio.

-Generar trabajos

-Empoderar a mujeres hogares de familia que fueron discriminadas por esos masculinos

-Tener estabilidad mental y emocional

-Asistir a terapias cada vez que me esté sintiendo menos feliz

-No aparentar ser la mejor quiero ser la mejor en todo lo que me proponga más viajes para mi (India/Japón/Bali/Europa).

-Cambiar mi auto y no seguirle pagando impuestos a los dichosos dealer de carro que son como vampiros te exprimen.

-Asistir a eventos mundiales con mi micrófono y alzar la voz de mujer.

-Luchar con mi problema de fumar me hace feliz al momento pero borra mi memoria por ratos.

-No quiero llenar la cuenta de banco, quiero llenar mi corazón de verde.

-Liberar el dolor causado por la traición y la maldición de otros en su momento.

-Equilibrar los chakras a un nivel de luz rosada.

-Adquirir 8 millones de dólares y los sabrē usar muy bien.

-Cambiar de amistades por personas sinceras

-Escribir mi primer libro (acá estoy) y vender muchas copias del mismo.

-Estudiar para chef y abrir mi propio restaurante.

-Si mis hijas se quedan a mi lado, quiero darles un crecimiento sano mentalmente creo que bastante he agredido a una de ellas.

-Abrir mi empresa De productos de belleza

- Espero poder Donar,alimentos, estudios, terapias,casas a los niños de mi país que son de bajos recursos

-Nutrire mi energia positiva para engrandecerme mas.

-Comer saludable para poder vivir algunos años más

-Retiré mis prótesis mamarias y volveré a mi vida real.

-Retiré mis biopolímeros y dejaré la vanidad atrás.

-Cultivé mi comida.

-Cultivé mis rosas en mi jardín.

-Seguiré construyendo mi castillo y seré una princesa

-Quizás adoptare dos mocosos mas jajajaja

-Me casare en un lugar mágico lleno de naturaleza y muchas flores rosadas al lado de mi alma Gemela

Y moriré en mi casa en mi cama y mis pájaros cantan para mí iré a un espacio llamado sky y reencarnaré en una planta alta para poder divisar desde arriba.

Les añadire unas fotos que fueron hechas en el 2019 para declararles abundancia a ciertas personas

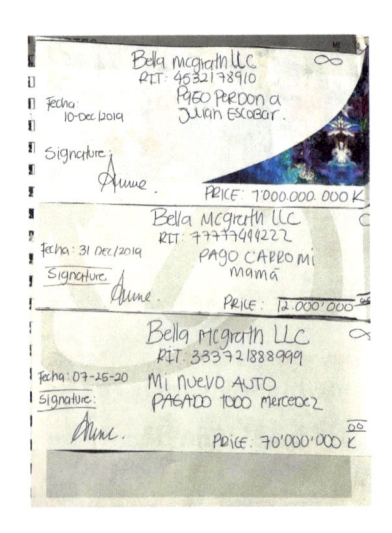

Este recorte de papel lo cree en el 2019 para declararle abundancia económica a personas que estaban conmigo en su momento y así fue me siento feliz por que cada declaración se hizo realidad y estas personas jamás supieron el secreto, que dia a dia les declaraba mucha Abundancia

En esta maleta lleve por años mis implementos de trabajo Para convertirse en "la Niña de lo$ tacone$ "y estos son los siguientes.

Tacones altos negros
Medias veladas negras
Maquillaje
Perfume chanel
Desodorante
Billetera
Aceites para masaje
Lapiceros
Muchos labiales
Pantys de todos los colores
Trajes eroticos para cambios
Frutas y comida

Aguas
Vino para tomar antes de entrar
Mi bolso mágico donde metia todo el dinero
Skin care (Del que vendo)

Imagenes De mi maleta y sus implementos

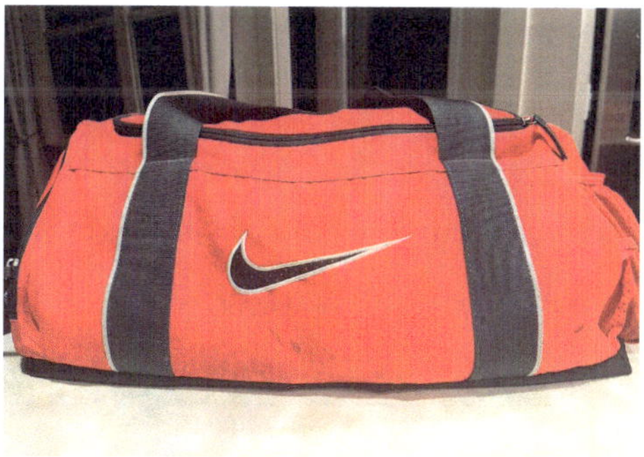

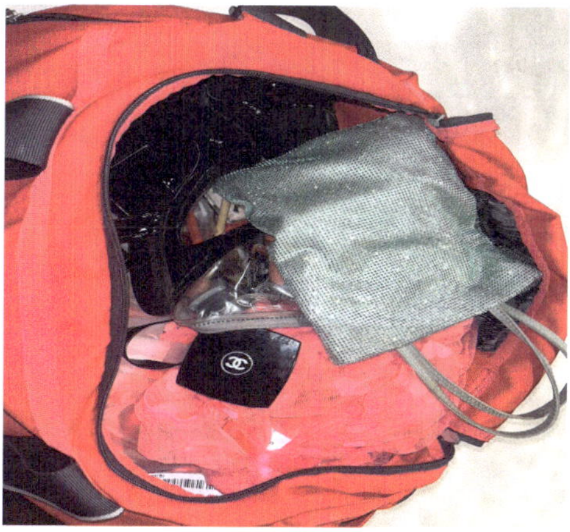

Los precios que pagaba para poder estar en cada cuarto que rentaba desde comence con el secreto

Sarasota: 800.00 cuarto en la university convivir con una señora brujis y su hijo que era o es un drogadicto me tocaba esconder todo y mantenía muy nerviosa cuando llegaba en las madrugadas

Hoteles inn y super 8
pagaba 100 el dia y era lugares agradables aunque me sentía triste de estar ahí tan sola llegar en las madrugadas y encerrarme a escuchar la palabra de dios mientras me quedaba dormida

Casa del doctor
(salió gratis) hasta que mi doctor se enamoró de la chica del facebook

Trailers 1,200.00 usd
una zona de muchos señores de la tercera edad me tocaba entrar como un silencio total por las noches ya que no se podía estar despierta a esa horas de las madrugadas convivir bien ahi, era un trailer limpio y no me daba miedo estar sola

ahí aunque A ,veces sentía pasos pero pensaba en jesús y se pasaba el miedo

La pintora 1.200
un apartamento que me gusto mucho había personas que habitaban con problemas peores que los míos había mucha depresion pero jamas deje que mi depresión volviera a mi me **sentí a gusto acá la pase super y fue en esta casa que hice realidad mi libro**

les añadiré un poco de la sesión de fotos con más sensualidad para esta vaina que se puso mas buena que la dueña

Mujer fuerte vale por 1000 K
UNA MUJER
Una valiente
Una mujer inspiradora
Una mamā
Una esposa
Una sexy dama

Siempre sere super femenina y absolutamente creativa

Azul color de la vida y el aire libera tu alma aprisionada en mi pecho y empezó todo a fluir

siempre creyente de que la vida te envía piedras pero tu tienes que ser más sabia y saberlas recibir y formar tu castillo.

No abandones ninguna meta o logro lucha por ese objetivo hasta que lo logres

Crea tu propio imperio empresarial y se la mejor en todo

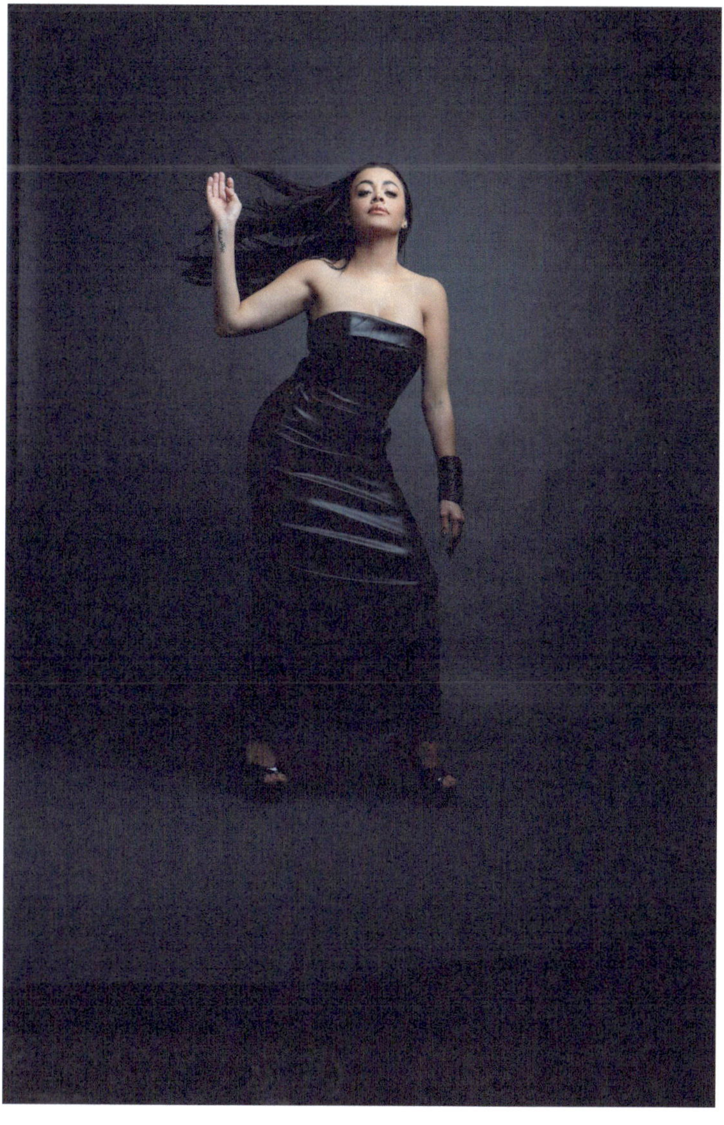

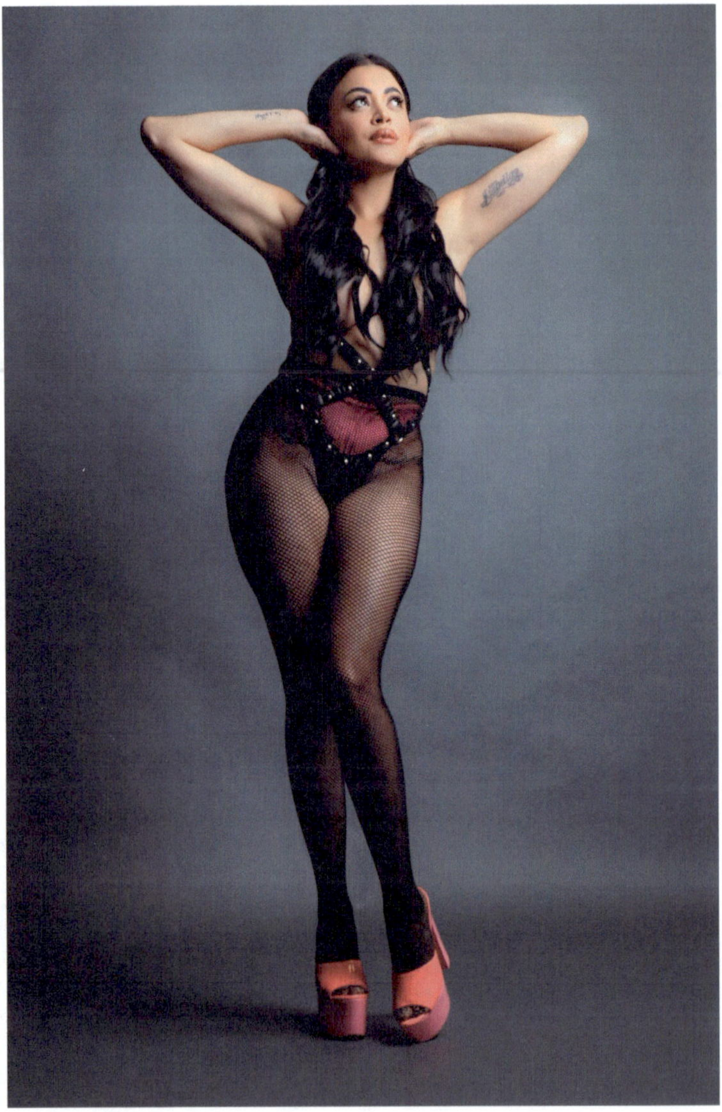

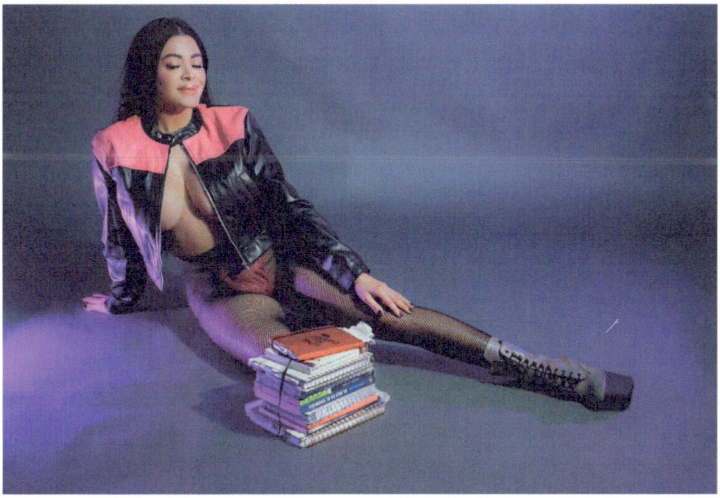

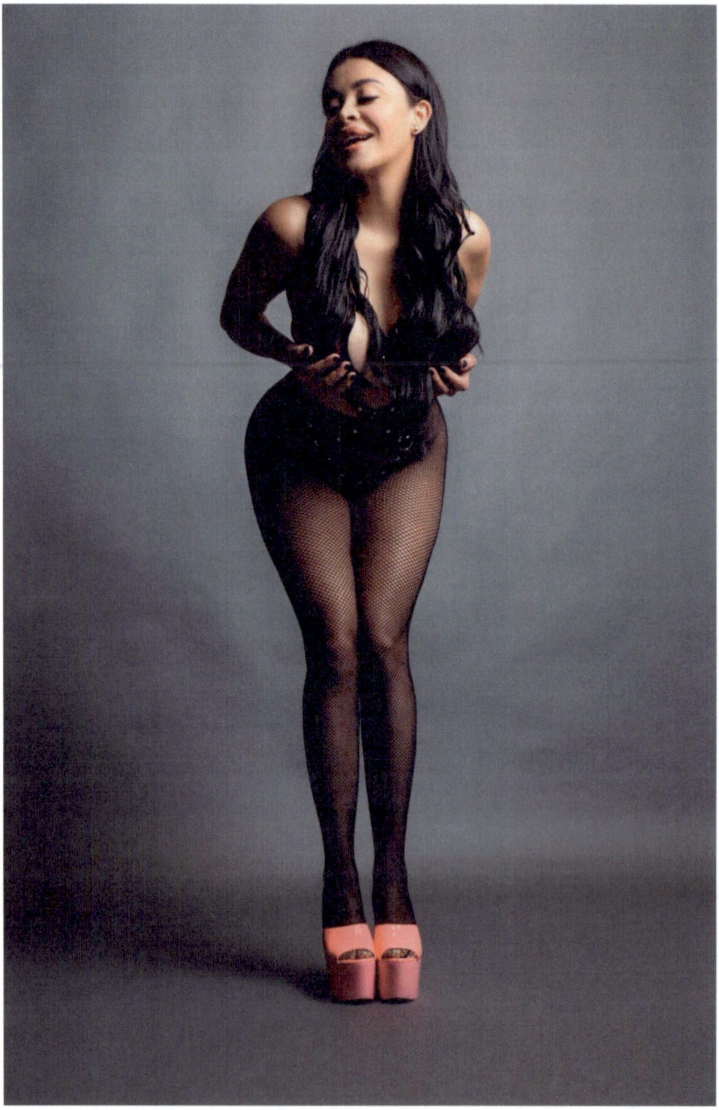

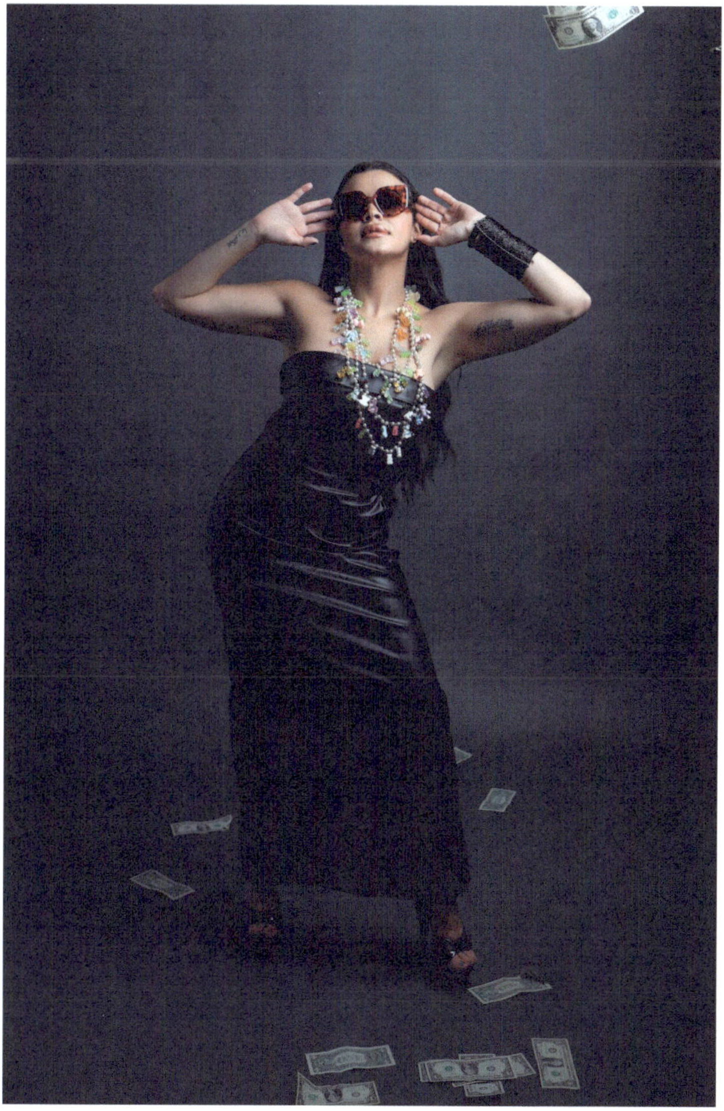

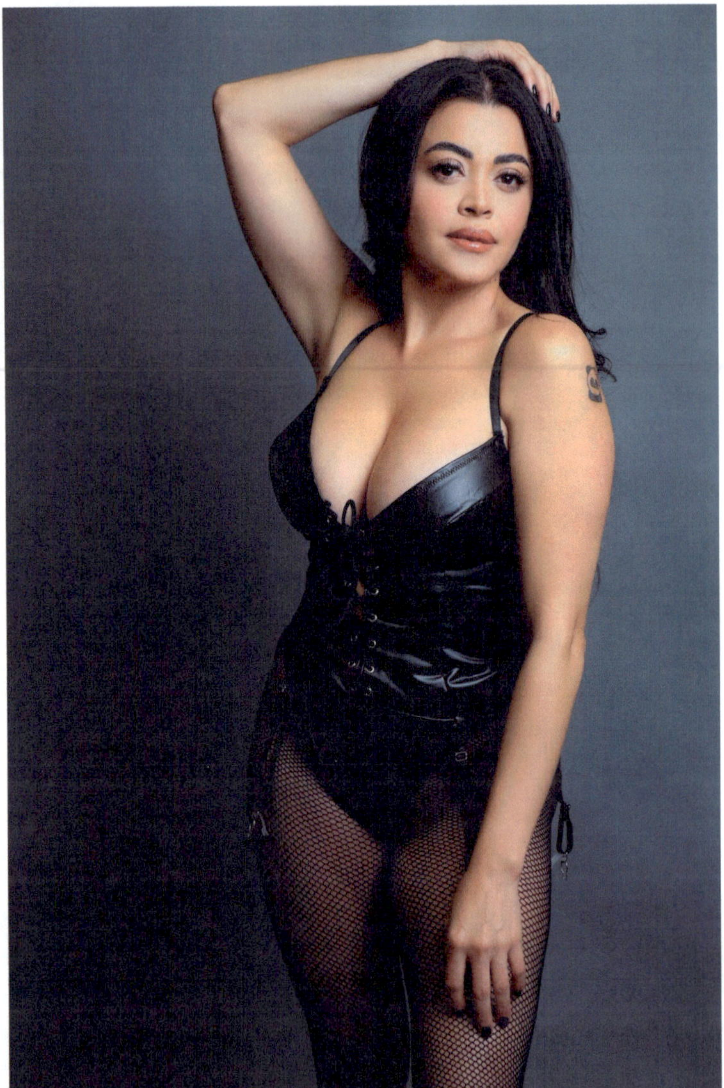

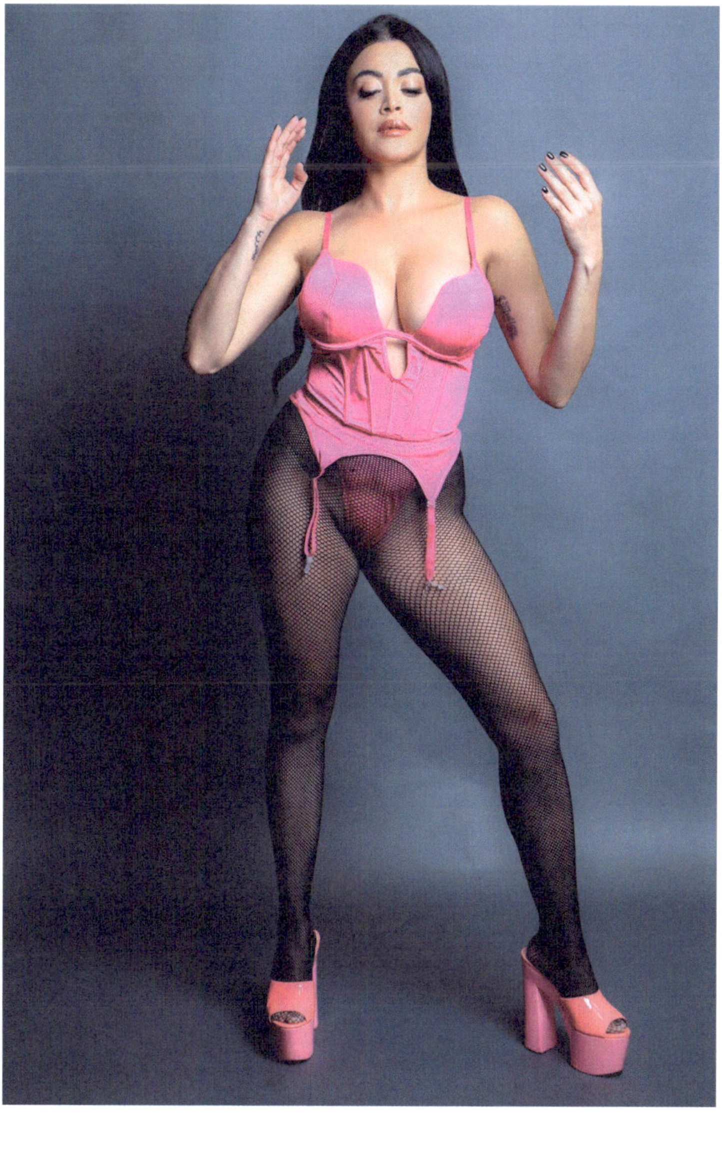

168

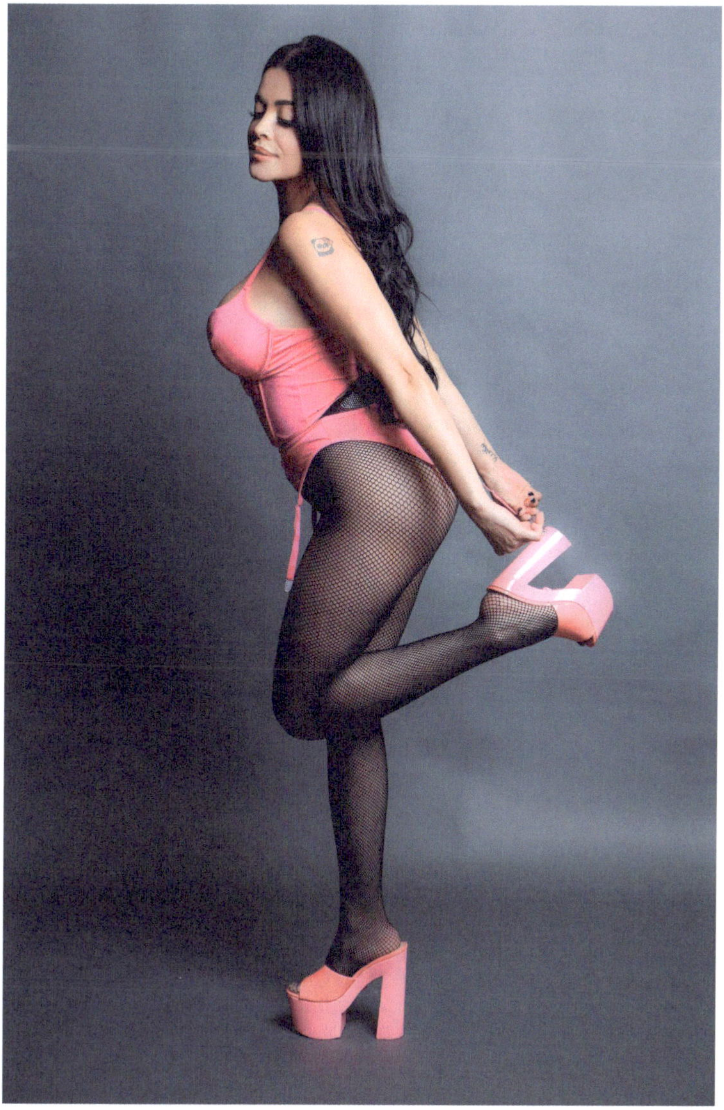

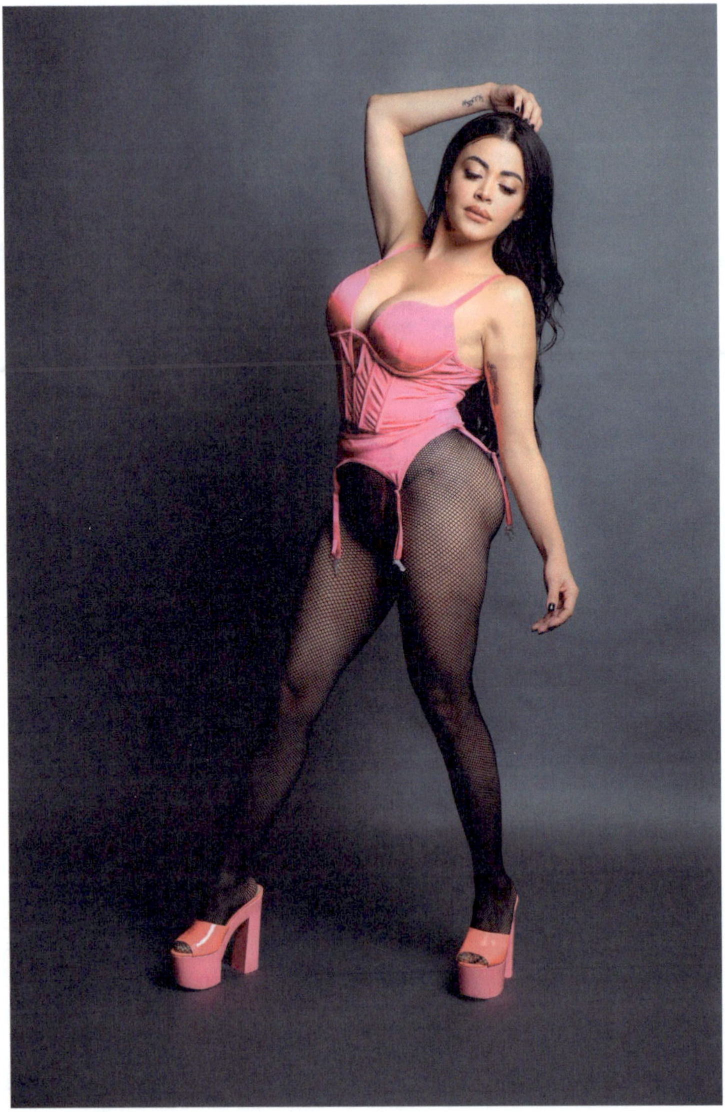

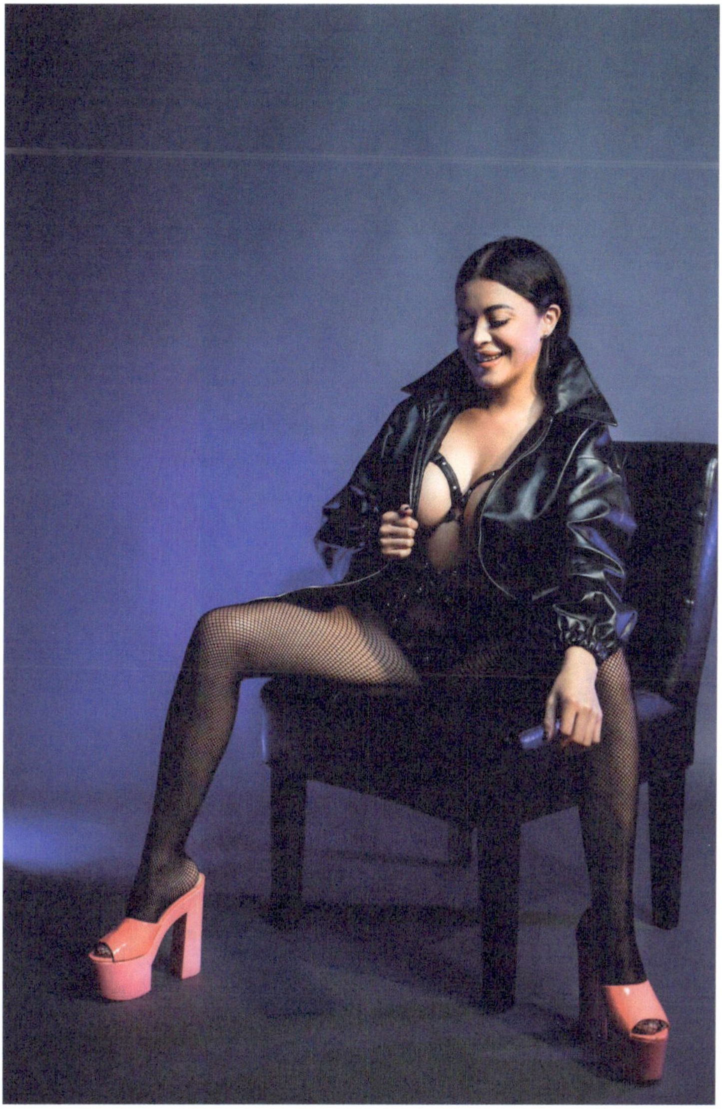

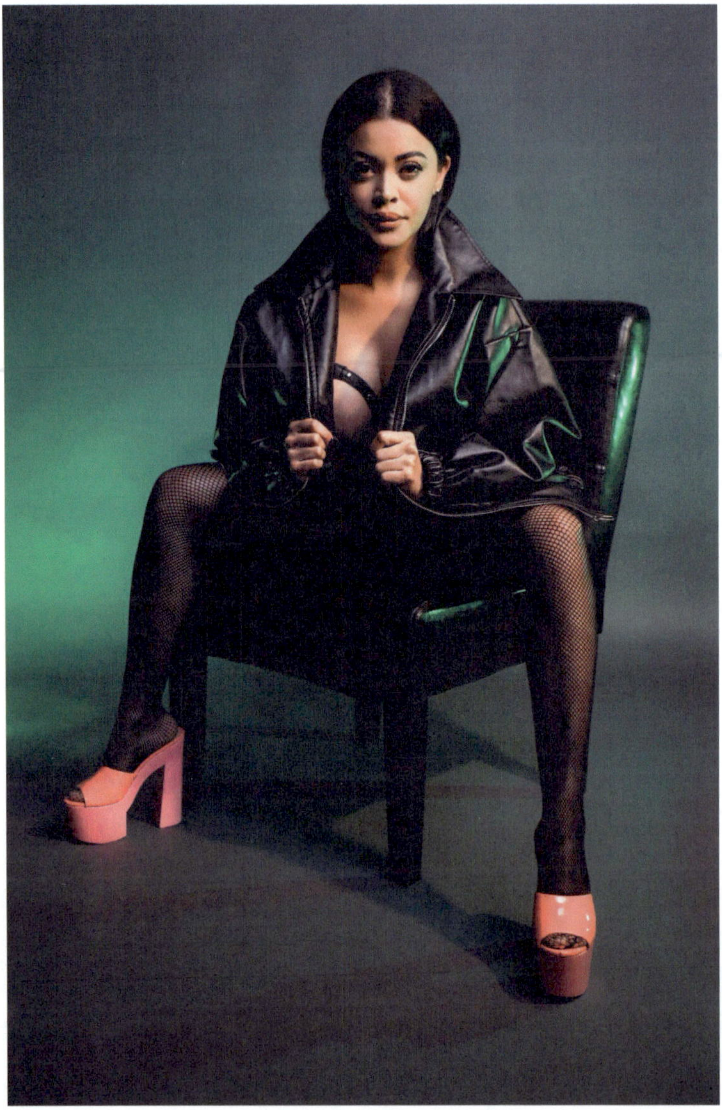

INTERNATIONAL BESTSELLER
Sleeping With the Enemy COCO CHANEL'S SECRET WAR
Sleeping With the
COCO CHANEL'S SECRET
HAL VAUGHAN
This explosive narrative

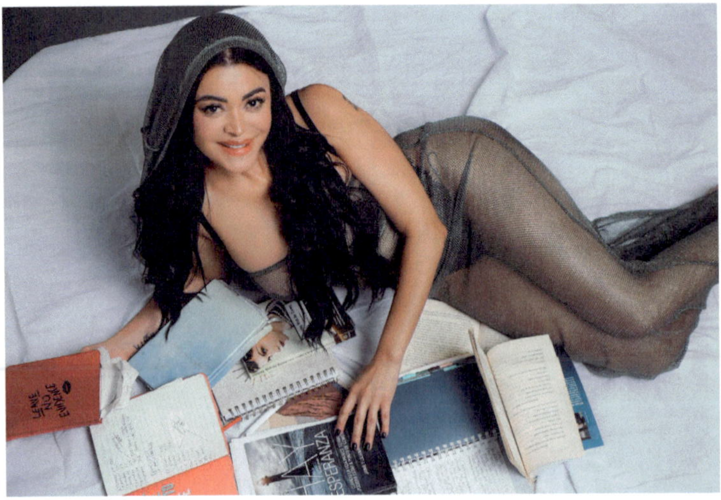
LEAVE NO EVIDENCE
ESPERANZA

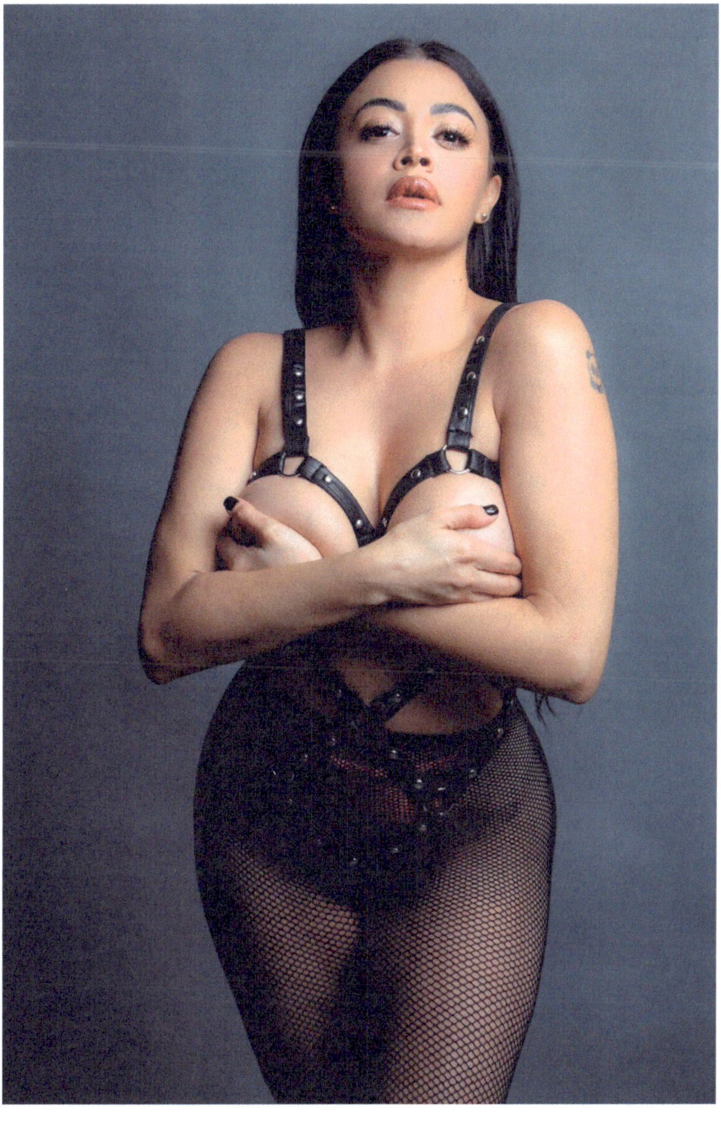

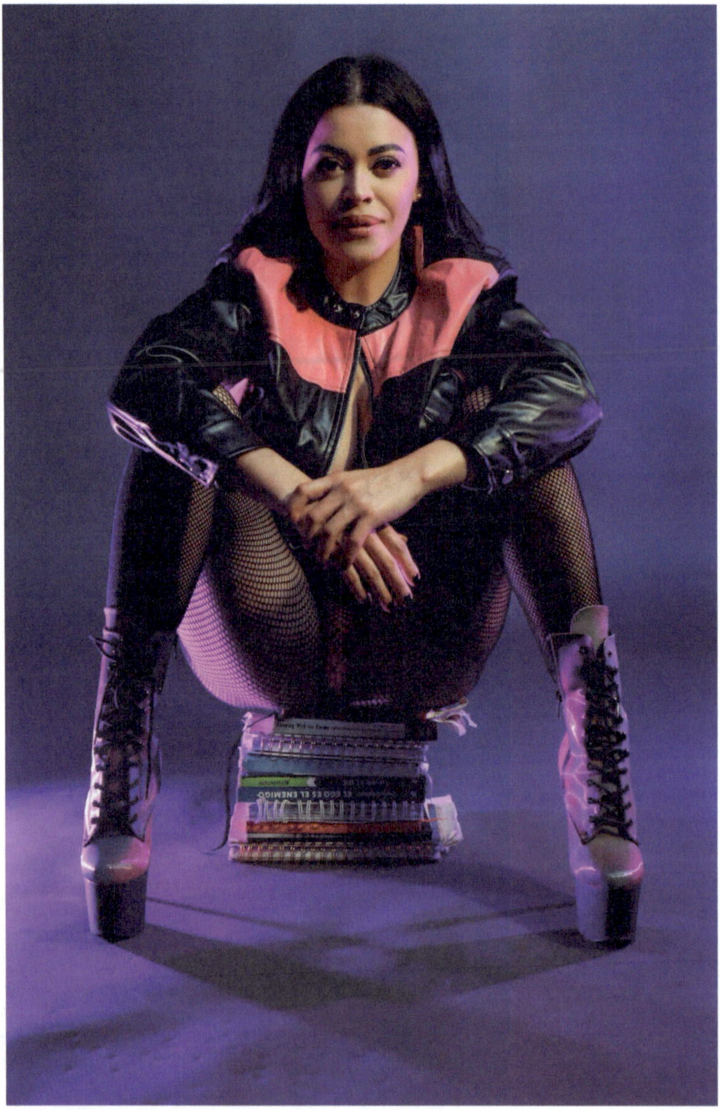
EL EGO ES EL ENEMIGO

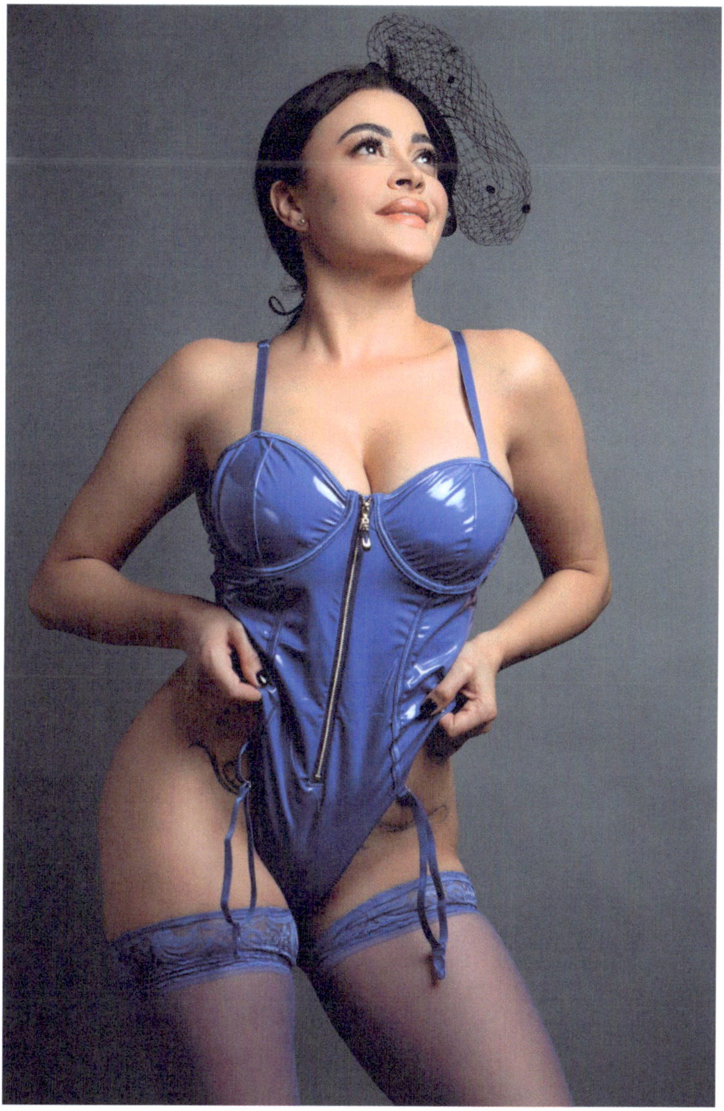

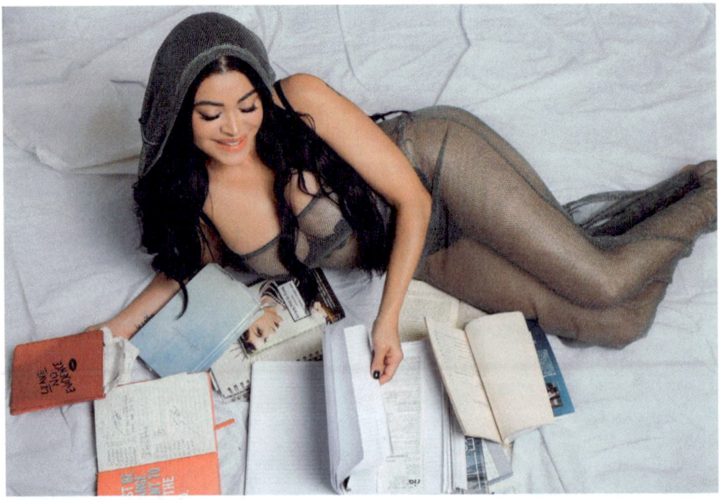

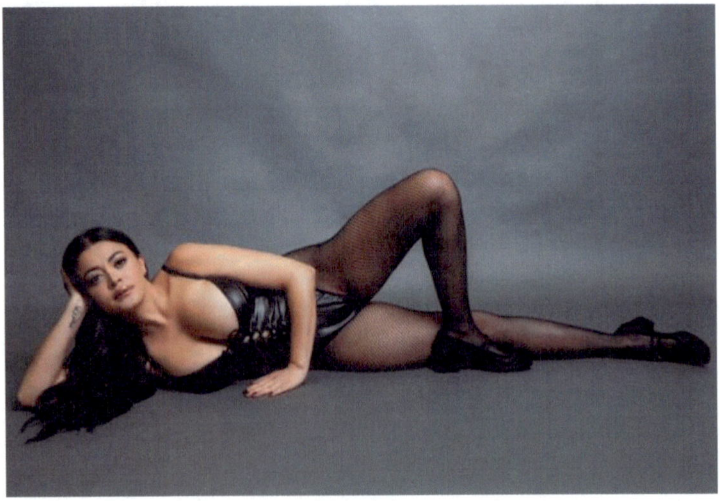

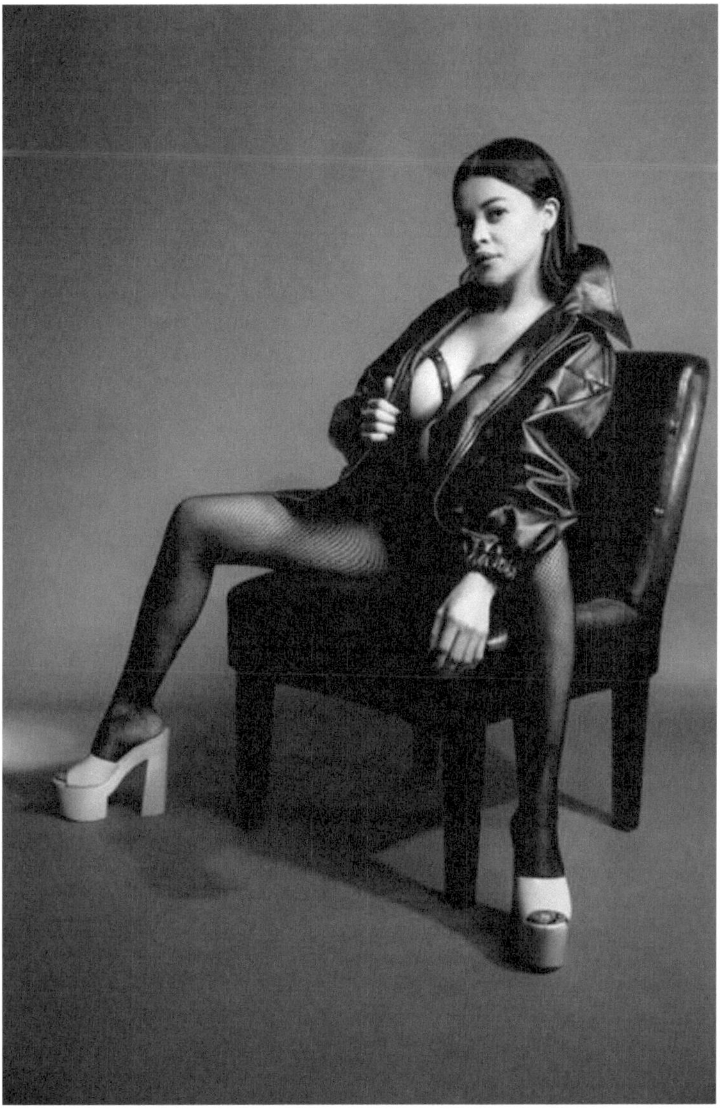

180

CAPÍTULO 9
LA ESPIRITUALIDAD Y AMBICIÓN

Me rio de este capitulo por que si soy bailarina pero soy mujer y siento muchas cosas dentro de mi pero como soy hija de jesús ante todo siempre antes de irme al trabajo oro por lo menos una hora escuchando la palabra de Dios y sus mensajes le pido para que el show salga bien, le pido para mis tacones no se tropiecen, le pido a mi virgen tranquilidad para lidiar con todos los masculinos, le pido a mis angeles que me manden el tonto que me dara los 1k.

Pero siempre llevo mi pulsera roja para el mal de ojo que hay en estos lugares, les prendo velas a mis budas y que me guien en los caminos oscuros, tengo mi buda ya hace 10 años y les soy sincera cada vez que le prendo una luz blanca y oro por mis deseos me envia dinero mas de lo normal.

Asisto a iglesias católicas y cristianas ....

medito 1 vez a la semana

Predico mi propia palabra con Dios y atraigo mi tranquilidad se que el me escucha y sabe de mis dolencias emocionales y sabe de mi felicidad repentina cuando uso el alcohol

Muchas veces me he levantado a las 4:00 am para hablar a solas conmigo misma y con yawed.

Abro la biblia todos los Días

Mi madre y sus bendiciones

>**La oración de la niña en tacone$:**

> SI TIENEN OJOS QUE NO ME VEAN, SI TIENEN PIES QUE JAMÁS ME ALCANCEN, Y SI TIENEN MANOS QUE JAMÁS ME TOQUEN AMEN

CRÉDITOS A LA PELÍCULA DE ROSARIO TIJERAS

La ambición

te felicito Yenyfer tuvistes más que valentía es coraje para trabajar en estos clubes ,se necesita agallas para ser mujer en estos tiempos se necesita valentía para montarme en un escenario y hacer que que mi público me tire dinero por hacer bien el show

tuve la valentía para abrir mi cartera y costearse todo lo que me he craneado tuve el poder de tener mi billetera completa de dólares, mi cerebro empezó a difundir más ideas, y más oportunidades de generar dinero muy fácil o quizás muy difícil hasta las horas de hoy nos preguntamos; si la ambición fue fácil o complicada y no sabemos las respuestas lo que si se es que fortalecemos nuevos hábitos enriquecidos de abundancia .

Confío en mi intuición plenamente y entiendo que mi corazón era ambicioso mi cerebro solo canaliza la moneda americana jajja en particular usar tacones convierte a las mujeres ambiciosas al recreo monetario.

Oración para la ambición

● yo vivo una vida abundante ,la riqueza vino para quedarse en nuestras vidas

★ yo creo en mi prosperidad ilimitada

▓ ho'oponopono
Gracias te amo ,perdón

● El universo concede todos mis deseos

Conversación De mi para mi

gracias papá DIOS & UNIVERSO por todas las horas de sanación de recuperación mental ,gracias por abrirme caminos a la gloria de jesús gracias por que me llene de valentía para superar tantas cosas negativas en mi. Me diré a mi misma y te dirás a ti misma fuimos capaces de pasar cualquier prueba fui capaz de dejar el dolor que sentía mi corazón y un asi ser capaz de seguir adelante ...ser capaz de manejar 223 millas dos veces al mes manejar en medio de lluvias y rayos …manejar con lágrimas en mis ojos y seguir mi camino hacia las calles oscuras que me llevaba al destino final me admiro por tantas noches de trasnocho y cansancio para continuar me siento tan fuerte de haber laborado 2,160 días continuos sin parar sin dejar de soñar. Cada día con un mejor mañana.

Escribí mi historia en 7 días fue una aventura que sabía que valdría la pena arriesgarla quería cambios en mi vida y lo estoy logrando hable con mi cuaderno y cuando anotaba todo lo que hacía años atras ya había escrito mi vida y mis manos sudaban más de lo normal ,mi cabeza estaba por esos días en un estado crónico estaba con dolores de cabeza muy fuertes pero nada me detuvo nada se interpuso en mis líneas de este libro donde quise expresar quien soy yo y quien seré de ahora en adelante

me hable a mi misma y dije no tengas miedo ni pena del público pues ellos hicieron parte; y de todo esto me diré a mi misma vamos adelante sin mirar el pasado, y aunque usemos tacones,merecemos más de los que pedimos merecemos amor,respeto, y cordialidad y aclararles que este trabajo nunca nos hará menos que los demás que si yo arriesgue todo por bastante tu también podrás por que esto es para gente con las venas duras y aunque las venas por momentos se quieran estallar del cansancio de usar tacones pues niñas todo llega a su final; si decides saber cómo explorar cosas nuevas para tu vida.

Llénate de coraje y levanta tu mirada con tus ojos grandes y pestañas largas no tendré más miedo de las pruebas de dios aca estare y no preguntare mas por que? si no para que ?

¿Qué dejé en mi pasado ?

Hace tres 3 años escribí estas mismas frases y hoy las publicare sin temor al rumor y al enojo de los demás seré tan sincera que las líneas hablarán del pasado tan fuerte que tuve asimilar como mujer y niña en tacones no fue difícil dejar cosas que dolieron y pasados que siguen atormentando mi corazón aun lloro y reclamo al cielo por que si lo unico que yo anhelaba no fue lo que lo que logre ?

pero si estaba equivocada no era eso era lo que la vida me tenía preparado era mejor que este pasado ante todo a estas personas mencionadas en mi libro les agradezco infinitamente pues el no haber hecho parte de mi destino fue lo mejor que jesús y el universo pudo haber hecho por mi y mis hijas y por que se que muchas de ustedes han pasado por estos pasados que aún nos perturban las cabeza pues si dejarlo atrás ese pasado se acabó mire mi reloj justamente ahora y son las 11:11 pm 16 de octubre 2023 a pocos meses de acabar el año y si ya es hora de dejar mi pasado y vivir mi presente es ahora y tú también niña.

>Abandonaré el dolor causado por amistades que decían ser amigas.

>Abandone los jefes malintencionados.

>Abandoné mi tristeza por cosas que yo misma causé.

>Abandone la ira.

>Abandone el pasado de amores que jugaron conmigo.

>Abandone a las personas hipocritas.

>Abandone habitos dañinos.

>Abandone las tristezas del alma.

Y acá mencionaré cosas, personas, y objetos que querían verme triste o mal y jajaja pues si lo consiguieron pero lo elimine y me siento muy muy feliz de haberlos sacado de mi camino eran tan tóxico y tan mal intencionados que solo le deseo cosas lindas y maravillosas las personas mencionadas son producto de ficción (jajajajajajaja).

LA BRUJA M
A ti señora falsa que abriste la puerta de tu casa para acomodar toda una mentira y calumnia te agradezco por no haber seguido en las manos de los diablos disfrazado de ángel eres la peor mujer del planeta bruja y chismosa.

pero te declaro un corazón diferente.

LA HECHICERA W
bruja bruja bruja hechicera de lo ajeno y mal intencionada pues espero que tu hijo crezca y sepa la clase de animal que fuistes

a ti te declaro un final lleno de escobas y ollas al juego hirviendo de tus malas vibras jajaja

LA VECINA

Ayyy gracias me generaste episodios malos en mi niñez pero aprendí algo de ti no te ries con los pobres siempre serán pobres de mente.

a ti te deseo un final feliz.

EL PRIMER NOVIO

Me dejastes como se deja un perro en la calle pero creci y aprendi que no era un perro yo eras un diamante que tenía que estar en una joyería mejor a ti te deseo mucha música y sonidos lindos .

EL PAPA UNO

Fui yo la mala y tu el ovejo pero me descuide y sacastes las garras pero a un así eres el mejor hombre y con un corazón muy saludable una inteligencia pero no supiste llevarme al castillo así que yo me lo hice.

A ti te deseo lo mejor del planeta y mucha salud.

EL PAPA DOS

Astuto y asqueroso si jugastes al gigoló y usastes mi inteligencia y amor para hacer un juego de partidas múltiples donde salió siendo yo el peón me encerrastes en una jaula de dolor y narcisismo y yo creí todas tus palabras de amor pero salistes siendo un completo mentiroso mal hombre y quizás un superhéroe pero para las tuyas

a ti no te deseo nada malo al contrario deseo que ese ego lo elimines para que te des de cuenta que es vivir de verdad y que es despertar de verdad

Gracias gracias no me jodan mas.

TACONES POSITIVOS

>Qué es lo más positivo de trabajar con tacones (Jummmmmmmmmmmmmmmmmmm)

>Verme alta y muy glamurosa

>Usar lencería de altos precios y colores muy brillantes

>Generar ingresos todos los días.

>Conversar con personas que tienen más problemas que tú y poder darles un consejo desde el fondo de tu corazón. Tomar champagne gratis.

Conocer niñas que tienen habilidades y sentimientos cubrir tus gastos y ahorrar al máximo.

Comprarte la ropa y gustos que desees.

Viajar sin tener que pedir permiso al jefe jajaja la jefa soy yo

Descansar cuando te plazca Y hacer 1.000 diarios

TACONES NEGATIVOS

Lidiar con gente que huele mal.

Tener problemas de varices.

Tomar demasiado alcohol.

Usar alucinógenos para solo pensar que el tiempo pase rápido.

Lidiar con la envidia de las otras niñas.

Perder las parejas por el dinero.

Ser señaladas.

Ser manoseadas.

Ser descriminadas por masculinos.

Dejar de ver a la familia por días.

Salir a horas tardes del club para manejar por las calles oscuras.

Oración antes de entrar al trabajo:

Padre nuestro que estás en los cielos santificado sea tu nombre venga a nosotros tu reino hágase su voluntad así en la tierra como en el cielo danos hoy nuestro pan de cada día perdona nuestras ofensas como también nosotros perdonamos a los que nos ofenden no nos dejes caer en la tentacion y libranos de todo mal, Amen.

(AY UNIVERSO) Hoy estoy aca de nuevo entrando por la puerta trasera con mi mochila y mis tacones espero que esta noche sea llena de magia y muchos dólares no me desampares recuerda mi propósito de vida y ayuda a salirme pronto cuidame en los tacones y no permitas que me tropiece, Amen.

CAPÍTULO 10

EL PERDÓN

¡¡EL IMPACTO EN LA SOCIEDAD!!

Asimilo que somos muy diferentes a los demas que quizas destruimos hogares y que somos de verbo callejero, y de una mente muy abierta pero sin duda somos o soy la mejor en muchos aspectos; ante todo pido perdón a mis fieles seguidores, amistades y familiares e hijas si tenias otra imagen de mi otra perspectiva pero les comento somos niñas con sueños con familias, que sacar adelante,con proyectos multimillonarios; que sacar adelante con carreras que terminar y pues escogemos jugar a usar tacones y nos enganchamos y no medimos los riesgos o las destrucciones que hacemos tienes, que pensar por un momento y opinar más con la cabeza que con el ego que nos está atrapando y darte cuenta que nadie pasa, por este mundo sin haber hecho cosas anormales y que nadie tiene la obligación de hacer feliz a los otros con personalidades que no debes de tomar si eres feliz hazlo y perdonate a ti misma por no haberlos usado antes, se tu misma sin que importe lo que el vecino,la tía ,la cuñada ,la mamā,el papā,el abuelo ,el amigo nada de ellos tu nacistes sola y sola a ti te tienes que perdonar no quiero herir a nadie más es justo;parar si cause dolor no lo veas asi tomate un advil y continua leyendo no soy perfecta y creo que tu tampoco pero si tuve las bragas bien puestas para ser sincera y mostrarme como realmente soy les agradezco si leistes mi biografia eso no es nada es una sola corta parte de lo que vivimos a diario, y si tu en casa te identificate conmigo gracias, por haber seguido y por haber tenido una mente madura para leer una mente avanzada para mirar imágenes y una memoria para cada renglón que les conté con tanto amor mis niñas en tacones, si lees esta historia pienso que ya muchos lo sospechaban así que me supongo que si eres de los chismosos (as) buenos jajaja ya estas llegando al final y estas asimilando la Yenyfer y conociendo la **Camila.**

Cuando me uní a este campo nocturno fui señalada y burlada por terceros que creían tener todo bajo control lo que no sabían era que yo ya lo tenía todo bien inventado y fui más astuta e inteligente oculte y fui tan profesional que jamás captastes lo grandiosa que soy si me vas a devorar devorame pero con tus manos si es que están limpias ???

Si tu sociedad no asimila que nosotras somos mejores en lo hacemos,mas que tu en casa pues me dejame decirte, que nuestra labor es vender cariño a quien no le dan en su casa,vendemos sonrisas a quien les falta felicidad damos abrazos sinceros aunque sea por dinero; no te atrevas a denigrar mi labor no seas egoista (o) no seas más efímero de lo egocéntrico y narcisista yo actúe a un buen propósito algunos actúan por aparentar de quien tiene más mintiendo y engañando a seres débiles. Yo no cuando estás en este proceso de vida conoces a tantas personas con tantas dificultades mentales y dolores y vacíos que nosotras les damos ese valor para continuar o sino mirame continúe en la batalla continúe siendo devorada por un narcisista, masculino que me pisoteo y uso mi cuerpo para tener otro género femenino y luego me voto y acá estoy siendo yo, y no más que tu mejor. y los otros siiii, por supuesto al pasar por estos clubes tuve el conocimiento de vidas de muchas culturas y generaciones y razas y acentos y colores y todos todos absolutamente todos guardamos un vacío y un dolor y una mentira sin añadir que no encajamos. Solo tu eres el encajamiento que aquellas almas absueltas sin riendas que necesitan de ti vivimos en una sociedad demasiada insolente y hipocrita donde se dan abrazos falsos y besos con asco y tu tienes que encajar ahí y estar a su nivel pues no yo soy diferente, y mejor. Y jamás pase por encima de nadie al contrario de cada una de estas personas que conocí me llevare lo mas lindo de cada uno de ellos y por supuesto me enseñaron y me dieron mi lugar pude aprender a distinguir quién era feliz y quien no. Me encontré con mi karma y mi amor propio y continuaba estando sin destino desviada por el odio sin perdonarme.

continue ....

>Me perdone por tanta soledad y angustia vivida.

>Me perdone por haber confiado en los lobos disfrazados.

>Me perdone por haberme hecho tanto daño a mi corazón.

>Me perdone por haber permitido dejar entrar basura a mi casa.

>Me perdone por malgastar dinero con ovejas negras
me perdone por publicar lo que no se tenía que publicar

Me perdone por el fracaso que tuve

Me perdone por que use palabras de mentiras a personas que me abrieron su instinto de amor

Me perdone por haber llorado 3 años sin motivo alguno por que en el fondo sabía que era el cambio que mi nueva era necesitaba transformar

Me perdone por haber deseado el prójimo y haber hecho conexiones con masculinos sin amor

Me perdone por haberme robado el agua de walmart

Me perdone por coger labiales de cvs gratis

Me perdone por amar sin ser amada, me refugiaba en Masculinos de tal manera que les daba todo sus aplausos y estaba siendo usada.

Me perdone por tener seres a mi alrededor que no me aceptaban mi estilo de vida, mi forma de ser, mi forma de vestir, o mi forma de hablar
aprendí a seguir por las calles perdonando y perdonando y tu tambien niña que estas leyendo esto o masculino que estás ahí empieza a perdonarte a ti mismo y perdonar a los demás

Haz una lista de personas que quieres perdonar para continuar tu camino más emotivo y grandioso

1.--

2.--

3.--

4.--

5.--

Gracias por perdonar pasarás al siguiente campo menos minado de bombas del pasado o que estén en el presente

Ten siempre esto en la mente vivir sin rencor cura el aire y libera paz

amén jesús y virgencita que estuvieron ahí en ese proceso de transformación donde me guiaron y sanaron mi corazón

- haz de tu vida la mejor novela
- no hagas feliz a los demás se feliz tu misma
- deja un legado
- armate de valor.la sociedad no es tu problema
-
- aumenta tus niveles de antisociedad
-
- no te limites a nada que desees hacer solo actúa
-
- mejora tus metas y manifestaciones piensa en lo maravilloso que es poder respirar

- no dopamina si armonia

- no temor a usar tacones no temor a bailar no temor al qué dirán arriesgate reúne lo más posible y sal de ahí

Esta imagen la hice a paz de mi interior a paz del planeta a meditación y del universo usaré mi magia para unir personas usaré mi magia para dar amor usaré mi magia para crear más cordialidad. Dime Tu TIEMPO y si con esta imagen yo quiero mostrar, que soy y seré más humana dia a dia sin presionarme, les daré luz a los corazones marchitos y les hablaré tan lindo que mi voz tendrá magia

Chimba De Perdőn

¿Pasó alguna cosa en el año pasado por la que todavía tienes que dar tu perdón?o alguna por la que estés enfadado contigo misma?escribelo aqui y hazte un favor

perdona

ufffff pasaron tantas cosas el año pasado

Me Perdono y me perdonan y seré perdonada y perdonaré ? nadie tiene que perdonar es solo cuestión de pasar una página de libro a otra al siguiente capítulo de vida que nos guiará mejor a un mundo más expresivo.

Se dice que perdonar es asimilar que comenzaras una nueva etapa de construcción a lo más positivo y menos negativo.

Pensarás más para hablar y asimilamos las cosas con más responsabilidad, te pones más seria en tus cosas y piensas antes de dirigir la nueva película.

Perdone mis mentiras y mis barbaridades.
Perdón si con mis palabras ofendí inocentes personas

Perdón a estas siguientes siglas que dije y jamás debí decir

Niña en tacones comete varios errores que la llevaron al castigo y me señalé a mi misma pero llegó el final

infidelidad
abuso
Mentalidad negativa
robar
Mecanocaucho
pobreton
miserable
huele mal

viejo asqueroso
jamas avanzaras
eres un mediocre
no me haces feliz
no seras nadie
inecta (o)
 no serás nadie
estupidas (os)
me cae gorda (o)
me resbala
imbecile
ridiculo (a)
falso(a)
metido (a)
me quiero morir
nadie me ama
soy fea
mis estrias me dañaron mi cuerpo
no puedo usar bikinis
no tengo suficiente piernas
mi cabello no crece

Perdón a todas estas palabras mal expresadas desde mi vocabulario nocturno.

Perdón por la difamación y el chisme mal intencionado.

Perdón a mi hermano por que no soy tan buena hermana y me falta mas abrazos para ti.

Perdon madre mia siempre tuve algo contra ti y tu contra mi pero sabemos que el amor es mas grande y nos perdonamos mutuamente.

Perdón
   si no soy de querer a muchas personas y si les caigo mal, bueno espero en otra vida poder caerles mejor.

Perdón hijas me ausente mucho y no sabia que era mejor ser humilde pero al lado de ustedes siempre

Perdon pasado me llenastes de experiencias únicas y los mejores y peores momentos que podré recordar por el recorrido nocturno

Desahogo

Esta carta fue escrita el día
01-05-2020 me encontraba en vegas nevada ....asistía al club llamado rhinos ubicado a todo el downtown de vegas lugar donde me hizo más valiente y me arme de poder lucrativo para obtener mas y mas objetivos
Ese dia recuerdo que me senté en el baño de la casa donde rentaba
cogí unos de mis cuadernos para apuntar mis anécdotas y mis eventos y esto fue lo que escribi

Despojar mis tacones y quitaré mis medias veladas que cubren mis piernas varices y mis celulitis ... para armarse de valentía femenina y colgar los tacones en el baúl de los recuerdos ahi los pondre y desahogará mi ira y mi felicidad en decir bye tacones hoy los dejo y calmare todas las ansiedades del pasado
desahogare mi malas intenciones que tuve cuando baile y postre mi cuerpo al tubo de metal

Desahogare mi lágrimas y las reuniré en un vaso de cristal para regar las plantas que sembraré en mi jardín le hechare Polvo con rosas rosadas, y tu seras intocable no habrá espinas que puyen los dedos soy como rosas de campo ,crecí tanto que me perdí en tu laberinto y mis piernas, se enredaron en tus rodillas me transporte a otro nivel para poder entender que es vivir me sujete a tu aliento y volví a respirar

En mi cabeza todo es emoción y de color pastel aumente mis neuronas y presenti cada minuto lo que iba a pasar soñe el capitulo de varias personas y hable con jesús tanto que el me escogío para ver más allá, el me escucho tanto que el sera el unico hombre en este planeta que me conocera de verdad tu jesus seras mi amor te amo tanto que mis brazos se sienten gruesos de abrazarte el dia que me sente en el carro a hablar contigo 3:00 am estacionada en la casa de beatrix despues le cuento quien es beatrix pero por ahora dire y confesare mis palabras a jesus en esa madrugada

sentada en la silla del conductor de mi auto santafe hyundai 2017 con 101 millas mire el cielo

y le empecé a decir estas por estos lados de sarasota quiero hablar contigo algo sabes que no soy feliz cierto? que se aproxima navidad y que es el mes del año que más amoooooooooooooo pero que hace mucho tiempo atrás ya no es lo mismo esas navidades para mi ya me dan susto que lleguen sentir la soledad del desamor y desunión de familias o amistades sabes eso jesús te propongo hoy algo siéntate en la silla del copiloto tomame la mano y escucha mi deseo de navidad 11;11 ángeles Alrededor es momento de escribir estas líneas 08-11-2023

Mis regalos de navidad no es tener el árbol más lujoso lleno de cosas y regalos encajados de papel luxury no quiero cenas con mucha comida y desperdicios sabes que quiero que me traigas de traido del niño jesús .

Quiero unión entre mi familia y las familias que ya no están con nosotros quiero que los que se odien se amen querido niño dios tambien quiero que las guerras que están pasando que solo es por dinero dejen de ser más guerras acaba con eso porfavor quiero vivir la era de los artifical y verde y quiero manejar mi carro por el aire y ser la mejor robot

esta navidad quiero que los esposos abracen a sus esposas y le digan cuánto la valoran por la labor tan linda que hacen como mujeres.

Querida carta de navidad por favor que mi familia y la familia de oso ya no se tengan esa rabiecita que se tienen por cosas inmaduras del pasado quiero que todos seamos muy amigos que nos sentemos en la mesa y nos riamos de lo lindo que es vivir

Quiero agua potable para poder hidratar mi garganta en las dificultades del mundo.

papá noel también quiero pedirte la persona indicada para mi lado derecho de mi cama que la persona que descanse su cerebro en la almohada tenga las intenciones más claras y maduras para llevarme a estar protegida y admirada quiero ese masculino para toda la vida no para amarlo si no para reencontrarnos en el otro mundo

querido papa noel también quiero que mi madre sea eterna que jamás me falte.

Querido papá noel quiero que todos los niños y niñas del planeta no sean usados para tráfico ni usados para trabajar ni usados como juguetes ni usados como animales por favor este 2024 no nos hagas enfadar contigo quiero seguir siendo tu hija hasta que decidas llevarte contigo por ahora haz que mi navidad sea una navidad completamente diferente

Gracias Diosito por que se me traerás todas estas lindas peticiones

2023-2024-2025-2026 y que sigan evolucionemos de tal manera que hagamos el bien y no el mal que la historia continúe y que los capítulos del libro sigan generando amor.

PAPÁ NOEL otra cosita mas jajajajaj

nñas un coche muy grande por que cuando haga un stop en el orfanato de colombia o estados unidos es para llevarme al menos todos los niños a mi casa y prepararles una familia muy muy armoniosa y unida

terminar mi casa en las montañas de colombia y preparar desayunos para todos
 y por favor quiero mucho sssssssssssssss regalos para mis ninas de medellin

gracias gracias gracias

Una profesión
Una película
Muchas firmas
Muchas entrevistas
Muchos viajes
Mucha verdura
Muchos cheques

Dios te mostró la señal desde el primer dia que usted salió de su casa y se enfrentó a la vida nocturna

Esta anecdota no me paso a mi pero me hizo verme en el espejo y captar la señal que él me estaba mostrando un masculino tiene un carro muy lujoso estaba rodando ese carro por las calles de miami brickell en el auto habitaban una hermosa niña en tacone$ y su conductor de origen jamaiquino mientras tenian una conversacion y el carro rodaba de la nada se incendió el carro muy fuerte en llamas a punto de explotar sus dos habitantes salieron del carro corriendo gracias a dios no pasó a mayores y no hubo heridos me dije entre mis voces escondidas no puede ser que esto esté pasando yo ya lo habia soñado esto no tan parecido pero los actores eran parte de mi sueño y las llamas las presencie le dije a jesús por que yo sabia q algo pasaria asi que me estás mostrando que me quieres enseñar y yo pensando pensando preocupada por que no era normal que yo soñara cosas que sabía que pasarían ...bueno para hacer el cuento corto conocía a las personas del carro conocía y estaba al tanto de los que después vendría con los días ....la niña llego a mi fiesta aterrizó en medio de las llamas pero llegó contra fuego nada le impidió llegar a esa hermosa mansión y que gracias a ella y asus errores cometidos en mi fiesta o la fiesta de mi masculino pude descubrir que yo estaba portando otro nivel de energía y que mis pasos por los tacones estaban contados pude deducir que jesús me tenía otro plan de vida y que yo tenía que salir de esos hábitos.

pero como somos niñas inquietas rebeldes nos empoderamos de lo más innecesario del planeta y nos embarcamos en el avión contra todo pronóstico lo que pasó a la niña , en tacones una niña que no necesitaba nada es feliz con su efímero astrólogo universo dejemos la vaina niñas dejemos de estar en ese falso cuerpo que nos invade pero amamos

Mi año pasado, presente & futuro

Mi año pasado: 💀 Historia que conmovió mi estomago el dia que me di cuenta que sería madre de nuevo que no tenía las mismas agallas de hace 14 años atrás ,ya no era una niña con la que jugaba a las muñecas ya era más responsable de lo habitual y la nina tenia mucho miedo el año pasado tendría que convertirme en madre ya siendo madre soltera y hija y madre y llevando más responsabilidades me sentía tan angustiada que mis días fueron cada vez más caóticos,estaba más sola mentalmente ,mi cartera ya poseía otro bill más y tendría que asimilar esta nueva etapa sola, eso sí con la ayuda de jesús Que me cubrió en cada paso, y me dio la fuerza para vivir ese momento doloroso en palabra de fē.......tenía fē pero estaba perdida en las preguntas tenía fē pero me decía a mi misma por que declare esto ? que hice/ que mente tan poderosas ahora soy mamá y sigo en tacones ? ¿Qué error cometí?

Se pasaron mil cosas negativas en mi cabeza mi corazón latía tan fuerte que cada día en vez de subir de peso bajaba mis caderas se anchan y mis senos ya estaban en otro tamaño anormal lo que yo había decretado el dia junio 8 -2021 caminando por las calles del centro de medellín junto mi madre se estaba haciendo realidad mi palabra fue poderosa y no medí lo que pedi

y esto pedi

Madre por que no pude tener un hijo del hombre que mas ame por que no me quedo nada de él para así asimilar su partida y al menos recordarlo siempre que raro madre se fue y no me dejo nada de él más que su odio.

Mamă le diré a Dios que no me abandone asi tengo miedo el desamor me duele mucho no se como superarlo por favor dame algo de él para no morir tan joven por amor.

Declarado y traído a mis manos al dia siguiente tenia mi cita de revision de senos mamarios, por molestias de leche mamaria en camino, ya estaba embarazada cuando predije ya era; otra vez mama y estaba más temerosa por mis manifestaciones que otra cosa.

Si me embarace mi pasado fue ser mamá de dos hijas soltera y llevarla a la cima de la abundancia en el amor de madre

Mi pasado fue bailar estando en embarazo subiéndome a los tacones y moviendo las caderas anchas y sintiendo como la leche de mis mamarias se estaba aproximando a mi nueva vida
¿pueden imaginar que se siente o que se queda en el corazón ? no pude llenar esos vacíos de los primeros 4 meses de embarazo no pude y no podré olvidar esa experiencia que como mujer y niña nunca quise vivir y tocó a las malas vivirla por que andamos en el mundo dejando malos pasos porque afuera hay un circuito de humanos tan negativos que a veces pienso por que estan en el mundo ????????

Si tuve la desdicha de lidiar con el falso amor pero llevando en su vientre el amor verdadero de una puta que vivió para andar en tacones presumiendo el siniestro falso del llamado al amor egoísta y miserable

Mi pasado si ahi lo voy a dejar con la diferencia que lo llevare en mi caja de material para usar un escudo y apoderarme de lo que ahora soy y lo que veras que seré
Gracias pasado

Mi presente ●

Llene mi camino de flores rosadas y amarillas ...ya las rojas las deje en el cementerio para los muertos que no volverán .....

Deje mi oscuro pasado y mi dolor reactivando a cada neurona de mi cerebro y destruyendo cada neurona contagiada por el abuso sexual abuso mental,los superfacientes,los tacones,los enemigos ,y los amigos,deje mi pasado limpio y aclare que yo fui abriendo puertas a otros universos

Me dije esto

"porque yo sé los pensamientos que tengo acerca de vosotros,dice jesús ,pensamientos de paz, y no de mal, para darnos el fin que esperáis "

jeremias 29:11

Me senté en mi propio tren del presente y me monté en el vagón de los más maravillosos deseos que yo pude crear en mi nuevas neuronas.
Medite mis sueños y planifique algo asombroso me demostré que la vida era más que un dia de 24 horas un dia eran segundos para respirar y que no tenía ni idea que el mañana ya no existía.

Tuve este compromiso conmigo misma

Hoy le recordé a mi alma todo el dia que es posible tener todo lo que anhelas todo lo que declaras y manifiestas con amor llega llega solo es cuestion de fè y tiempo .que se es posible sentirse libre sin armaduras y que caminando por los senderos del bien y de jesús podré irme al cielo algun dia llena de paz ,cree mi presente libre de odio ,libre de egoísmo ,libre de celos ,libre de hombres ,libre de ovejas vestidas de ángeles ,libre de diablos disfrazados de charlies.
me libere de monstruos disfrazados de osos.

Me presente ante mi universo y le dije soy yo la niña que dejara el pasado atrás y modificara sus carrera por la vida

Espíritu santo aca estoy temida de nervios me encuentro escribiendo mi historia tome la mano izquierda y me fui al mas alla para poder tomar tu mano regocijandome y refugiándome le dire a mi libro no tendre miedo asi como tu tampoco no tendré más temor de mis pensamientos y seguiré luchando sin dolor y creando en emoción cada capítulo nuevo que se aproxima

llevaré mi cabeza a un estado de paz mental más avanzado reconociendo los errores y asumiendo el presente y futuro

Gracias presente

Futuro

A solas con Dios, jesús ,universos ,planetas ,aliens,lo que sea que gobierne este mundo y nos haya engendrado pues le doy gracias por haberme puesto aca en la tierra con los animales me supe enfrentar a todos y jamás me rendí perdí batallas y gane otras ,,,me esforcé por ganarlas casi todas y así fue se fueron los que se tenían que ir & quedaron los que se tenían que quedar

Vivi ahora vive ahora y ahora estoy muy feliz ,muy agradecida con todo fue genial haber pasado por todos estos dolores y víctimas de mi propio invento reconozco que yo solita me meti al cuarto oscuro nadie me envió
fui yo sola

Deje todo atrás pero chicas que es futuro es hoy es presente si soñamos creemos vivamos como si esto jamas acabara vivamos como si dios nos dijera tienes 100 años mas de vida juegatela caminala gozatela esto es ahora y así hice retirare mis tacones para convertirlos en zapatos de oficinas
me retiro mis zapatos para estar cerca de mis dos almas Gemelas

Me retiro para encontrar el amor

Me retiro para ser mejor que antes

Me retiro los zapatos para caminar más tranquila sin temor a caerme

Así mismo esto lo escribí el 31-12-2021 o estoy escribiendo mi libro 24-10-23 y estas palabras siempre han sido las misma aca le dejo mi carta que le dije a la vida cuando sentía Que nada tenía sentido, cuando lo único que quería era morir el amor me había traicionado, el alma el amor me abandonó y me dejo como niña criando niñas.

piensa y atrae en tacone$$$$

Escribe una carta

Carta escrita a Dios

imagen pagina 40

Les cuento pues cuando conocí por primera vez la vida cuando abrí mis ojosss me Di cuenta que la vida es mas Difícil de lo que yo me imaginé que entenderlas anosotros mismo es como una película sin Final no se entendera por qué? tenemos que respirar para vivir, vivir para respirar respirar para comer, comer para caminar, caminar para levantarme, levantarme para soñar, soñar para crecer, crecer para tener que ser adultos y ser adultos para reír, llorar, cantar, correr, casarse, Divorciarse, tener dinero Fácil, no tener Dinero, pedir prestamos, viajar por el mundo con los Tiquetes del amigo de ranas blancas, tener mi año del año por el trabajo Duro que tenemos a Diario ... o por que?? Entregar nuestra alma a personas o cosas Nos o me toco criarme en un mundo, en un barrio en una ciudad donde habían miles de oportunidades solo que la cartera, de mi madre Permanecía con lo principal para la cena, y los pasajes del Bus para comenzar otro día. Así que yo opte por caminos Faciles que con el tiempo se vuelven más Difíciles que el ALGEBRA.

El año por delante

De esto trata el año que viene para mi

Vida privada & familia

EL AMOR CRECERA EN OTRA PLANTA

MIS HIJAS AMAN ABRAZAR A MAMÁ CUANDO SEA VIEJITA Y HUELA A SEÑORA

ME CASARE EN SOPETRAN TIERRA PROMETIDA

MIS PADRES SIEMPRE A MI LADO

Pertenencias

- CASA MARRAKECH
- CARRO LAMBORGHINI
- MILES DE MÁQUINAS EN LOS AEROPUERTOS DE SKIN CARE
- APT SARASOTA
- BAR HAIR MASK
- MCGRATH CORPORACION EVENTOS
- REALTOR EN COLOMBIA
- CHEF
- CHERRY SALPICONES
-

Amigos & comunidad

> GENERAR CAMBIOS A MI GRUPOS Y FIJARSE MUY BIEN A QUIEN SE ME ACERCA

Intelectual

> Inspirate tanto que nadie te reconozca

Finanzas

> -SIEMPRE DECLARÉ 2 MILLONES DE DÓLARES Y ME LLEGO EL TRIPLE
> - AUNQUE LAS CUENTAS BAJABAN A CEROS AVECES EL DIA MENOS PENSADO LLEGABA EL ÁNGEL Y PONÍA $
> -CUENTAS BANCARIAS FULL
> -DONAR MUCHO A NIÑOS Y NIÑAS DEL MUNDO
> - COMPRAS CASAS A CIERTAS PERSONAS
> -ABRIR ESCUELAS PARA LAS NIÑAS
> .

Aca realice hace 4 años atrás una declaración de finanzas, donde recorte dos clases de billetes, y los puse en mi diario para que todo el año tuviera finanzas productivas.

Imagen De Dinero & Manifestación

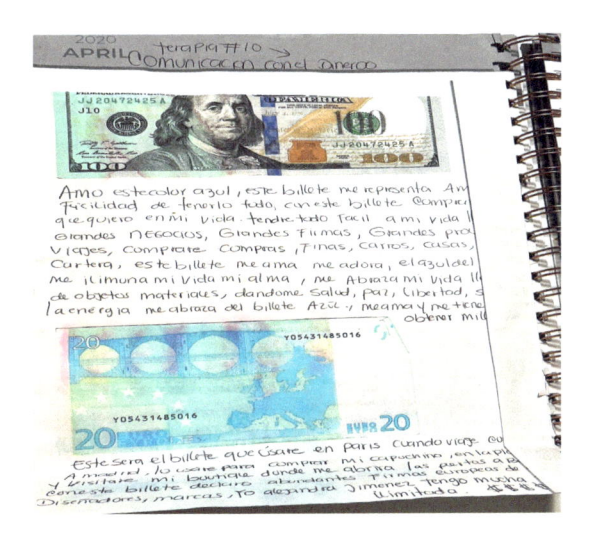

Trabajos, estudios, vida profesional

- ALZARÉ LA VOZ MÁS FUERTE SIN QUE ME ESCUCHEN MAL
- ALABARE MIS PROYECTOS Y JAMÁS DESISTIRÉ
- CUIDARE MIS PALABRAS
- HABLAR PERFECTO INGLES
- HABLAR EL LENGUAJE DEL AMOR APROPIADO
- LLENARE SALAS DE CONFERENCIAS CON FLEUR CELESTE
- LES LLEGARE AL CORAZÓN DE CADA MUJER
- LAS ENCAMINAR AL UNIVERSO EMPODERADO
- TRABAJARE EN DAR LUZ A VASIJAS VACÍAS

Relajación, Aficiones y creatividad

- POSEER PAZ INTERIOR
- DARLE PRIORIDAD A LA FELICIDAD
- MINIMIZAR LAS ROTURAS
- ORGANIZAR MI NIÑA INTERIOR RETROALIMENTAR MI ESPÍRITU
- SER MUY MUY LLENA DE AMOR PROPIO
- NO FINGIRE MAS SER LIBRE SOLO LO SERE

CAPÍTULO 11
MI LEGADO

Todos o todas dejaremos una historia una huella un legado por el paso todos dejaremos una mentiras y una realidad dejare mi palabra que todo lo vivido en esta historia fue la mejor lección aprendida, bailar las luces los colores las lentejuelas ,los amantes, los ricos ,los pobres en absoluto todo me llenó de protección en su momento admito fui feliz en mi profesión hasta que conocí mi talento mental y de ahi empece a cambiar los tacones por los zapatos de ejecutiva dejaré los tacones bien colgados en su locker y mi maleta deportiva bien puesta en su perchero las extrañare, cargar por los 3 pisos que bajaba y subía a diario, para ir al club dejare el legado más valioso que es ser una dama en cubierto y sin dejar al aire mucha ropa fui honrada y admito fui la mejor stripper con el mejor, espíritu que la vida me pudo proporcionar asistí a todas las colegas posibles y le deje un pedazo de mi abundancia económica si bailas y quieres ser la mejor en los bailes, has esto aprieta tus piernas y sonríe para la siguiente canción tienes que ser tan inteligente que jamas pienses en poco piensan siempre en grande cuando trabajas en grupo no hace mas pero generan más confianza te dejo este legado trabaja sola o con una sola compinche como tu nadie menos siempre más o mejor que tu ?? no mentiras nadie mejor que tu haz el show como si el teatro esté lleno , prepara las mejores poses y actúa mirate al

234

espejo y exitate de tu radiante luz muévete al son de la vida y sus sonidos no esperes nada de nadie espera mucho de ti usa labial brillante el rojo no hizo parte de mis tacones y brilla tanto como puedas.

gracias gracias gracias mil gracias!

>>**Mi reflexion**

>**Empoderamiento:**
Sientete libre y sexy se la más empoderada sin que lo sepan ten el control sobre el cliente y usa tu cuerpo para generar amor .mira las personas con expresión de namaste y saluda cordialmente .gana dinero sin que nadie sepa y utilizalo para mejorar y no empeorar.

>**Estimación**
Reflexiona sobre la estigmación que nos toca enfrentar .sociedad corrupta de lo ajeno y abusadora del dolor no tengas mal sentido del humor no seas juzgado o juzgues.

>**Cuerpo & autoestima**
Usa tu cuerpo mas que tu mente y genera cuan cantidad de dinero quieras pero eso si jamas pierdas la autoestima y la reputación dejarán marcas inolvidables tenía marcas en mi

abdomen que jamás me dejaron ser yo de nuevo y eso que significaba que tenía mi autoestima tan baja porque usualmente en estos trabajos tienen que tener el cuerpo perfecto me presione A fuertes régimenes de la belleza artificial donde tienes que ser tan perfecta por fuera y imperfecta por dentro eso le gusta a ellos tape mi belleza por muchos años pensando que era imperfecta y que no valía si no 100 usd no estaba mal si tenia esa mente yo Yenyfer Mcgrath alias **camila** era tan divina y tan princesa por dentro que por fuera y le dije bye a mis estrías de la mejor manera seguí el show en el escenario y aprendí a bailar a los príncipes con vacíos y ausencias de padres,en mi vida cotidiana me supere y reflexione tanto que pude decir gracias a mi trabajo y mis estrias y a mi autoestima alta puede empoderar mis secretos ambiciosos al dinero y llevar mis sueños a la realidad.

Niñas no dejen de ser ustedes por el qué dirán construyan su castillo y no busquen príncipes eso no existe pero si quieren sapos si hay y muchos.

Niñas si usan tacones sepan llevarlos con elegancia con honor baila y ten el mejor ritmo en buena vibración

Hagan el show serio pero sexy

Aumenta el nivel de exotiques

Alinea tus curvas

Lo siento si fue mucho o demasiado para tus oídos y ojos pero la historia todavía no acaba.

Evolucionar o accionar?

Evoluciona a niveles ilimitados, no sientas angustia usa tacones y evoluciona.
Acciona cada idea y hazla realidad y si bailas acciona día a día las reglas del juego tratando de evolucionar más y menos accionar.
Realice mi tabla de evolución y accione a mi proyecto de vida dándole un retiro a los tacones productivo gracias tacones los amo mucho y gracias por cada año trabajado por cada experiencia vivida y dinero recaudado gracias tacones

por darme tantas conversaciones con gente importante que me mostraba otro camino al estado financiero más libre de toda la década; gracias mente por haber hecho parte de lo lindo de usar mi cerebro y jamás apagarlo mi mente fue muy astuta e imagino todo y cada dinero que cogía lo realizaba para adiestrar mi banco y mi cartera.

La tabla de prosperidad funciona y mucho ....

> VIAJES CON PROPÓSITO$
> PENSAMIENTOS CON ATRACCIONES
> FIRMAS DE VENTAS
> FIRMAS DE AUTÓGRAFOS
> SALUD MENTAL POSITIVA
> AMOR PROPIO
> BAILAR SEXY
> ALIMENTAR EL CORAZÓN
> ARMONIA ASTRAL
> TRANQUILIDAD
> AMISTAD LEAL

Usaré mi neuronas para multiplicar el dinero que me haga cada noche diciéndole a mi mente que "será por poco tiempo que usaras tacones..." serás muy inteligente e invertirás en cosas productivas.

No desistir jamás aunque las piedras siempre estuvieron ahí las corrí a un lado y me llené de poder femenino para superarme y ahora estar a otro nivel otro sistema otra mente otro corazón.

Resiliencia

¿Qué es para mí y cómo lo aplico en mi vida ?

Es la capacidad que tuve o que tenemos para superar cualquier adversidad o dificultad en este proceso de respirar y vivir y convertir cada decisión o dolor o angustia en algo muy positivo en no preguntar mas por que? si no para que ? me estas poniendo esta prueba y este trabajo y estoy dispuesta a enfrentarme a mi misma y lidiar con todas las chicas que bailan sufrimos mucho de amor nos limitamos a ser felices por usar tacones la resiliencia me ayudó a ser esta mujer que soy ahora y no hace 36 años atrás.

la resiliencia me hizo un crecimiento personal, la resiliencia construyó lo que estaba caído en mi vida personal, la resiliencia me lleno de ideas de superación y una fuerza ilimitada.

-Deje el amor por amarme mucho a mi.

-Jugué, enfrente el pasado y reorganice mi presente

-Depende del amor falso puedes llenar vacíos

**Escribe tus ejemplos de Resiliencia
a lo largo de tu vida**

1
————————————————————————————————
————————————————————————

2
————————————————————————————————
———————————————————————

3
————————————————————————————————
——————

4
————————————————————————————————
———————————————————————

Gracias a ti niña en tacones sos muy valiente al salir de ellos.

Dedicatoria a mis tacones:

No sabia que escogerte me iba a causar tanto desafíos a mi vida pero te escogí y no me arrepiento de nada te agradezco por permitirme estar en mis piernas y levantarlas en los cuartos secretos para escuchar voces de sentimientos agudos estuve ahí con oídos alarmantes me enfoque en crecer más que otra cosa crecí espiritualmente aun siendo bailarina sexy todo se enfoco en mi sistema nervioso tacones que hijueputas experiencias (Pensando)y me llenas de risas, experiencias fuertes ...experiencias dolorosas.
Dinero por montones y vacíos al instante risas burlescas & comentarios atropellados entre nosotros gracias bandida salías de noche y llegas de día tus lentes cubrían tus miedos y mentiras estabas ahí viendo el sol y tomando champagne
me alise el cabello y me fui por el barco de la lujuria atravesé las olas sin chaleco y casi me hundo en el océano salí sin frenos por las calles de sarasota y en calles oscuras deje huellas de niña inocente pero diablita.

Gracias tacones jamás me dejaste tropezar y me cuidastes mis pasos todo el tiempo.

Dedicatoria al amor burdo:

Ante todo pido disculpas a los clientes aficionados a mi por haberles sacado tanto dinero me encanto haber usado sus carteras y hacerles swipers jajajaja sin el fucking inglés perfecto genere más riquezas que amor o que nivel social o nivel de amistades me fui por el sendero del silencio y la emoción, que solo use mis ojos grandes para analizar el humano que hay en cada ser humano ilustre mi cuadro y mi collage y justamente aterrizó una princesa que esperaba su alma gemela.

Amor burdo fuistes mi poesía y mi refugio fui cobarde amor no respete las líneas de poesía, y las convierte en suciedad y destrucción amor burdo tocastes mis puertas y las hicistes convertistes en mis nuevas aventuras, más doradas y exoticas amor burdo lleno de reuniones brillantes amor burdo, lleno de nieve por la nariz y ensucias mi hígado mi corazón,mi sangre mi costillas amor burdo, perdőn perdón, no supe amar a un masculino pero me enamorĕ de uno de ellos y aprendí la lección.

"Las niñas en tacones no se enamoran"

Que hombre tan maravilloso llego mi espalda me abrazo tan fuerte y me tomo de la mano para nunca más soltarla si tu caballeroso que abristes espacio en tu corazón para depositar mis hormonas me regalastes lo que mas amaba me distes mi familia y nos tomastes de la mano a todos por el jardín de nuestra casa corrimos y sonreímos nos miramos y encontré de nuevo el océano que se estaba secando; mi hombre me llenastes de prosperidad mi cartera y me amastes sin limite te acercas a mi cuello y dices a mi oído te había perdido pero te encontre y te arropare del frio amor mio.

Entrevistas a niñas en tacones basado en hechos reales

\>Me llamo **chocolate:** llevo en esta profesión 7 años uso mi dinero para crear un estudio musical me gusta cantar y seré famosa como rihanna .me gusta fumar mucho marihuana y un poco de blanca para sentirme más relax al momento de usar tacones soy de piel oscura y soy del año de leones me siento feliz y sé que mi paso por este lugar serán otros 6 años mǎs quizǎs menos creo en el amor.

Gracias chocolate

\>Me llamo **pastelito:**
Soy de cuba y bailo hace 9 años me encanta usar tacones porque me puedo comprar todo lo que se me dé la gana viajó a miles y miles de paises y siempre estoy super bien vestida tengo esposo y es de cuba el me recoje y me trae al trabajo todos los dias a el le tengo que dar cuentas de cuanto dinero me hago y darle al menos el 10 por ciento de mis ingresos para las cosas de nuestro hogar.

Me llamo **Mexicana:**

Llevo trabajando 2 años soy de mexico y me puse los tacones para pagarme la universidad y estudiar negocios internacionales tengo 22 años y no me gusta usar tacones detesto que me toquen pero pronto me graduare y saldré con mi diploma.

Me llamo **la creida:**

Me encanta la vida lujosa y estar en el gym me encanta aparentar lo que no soy pero así vivo feliz usando ropa de marca y soy soltera tengo gatos y perros y siempre posteo fotos del gym o cenas que me pagan mis clientes por que nada sale de mi cuenta.

Me llamo **luna:**

Le pago todo a mis hermanas, soy huérfana y uso tacones para cubrir mis gastos en el hogar.

Me llamo **Apple:**

Amor yo tengo bailando off and on desde que tengo 24 años de edad estoy en la industria ya 24 años la supervivencia el hecho que no tenía papeles y el papá de mi hija me trancaba todo lo que yo hacía.en una ocasión le dijo a mis manager que yo era ilegal,yo trabajaba en los ángeles en el rhino y También el hecho de que yo quería más tiempo con mi hija porque era muy pequeña y este trabajo me daba esa oportunidad para bailar,me dio confianza de mi misma me enseño la valentía y no tener miedo de amar mi cuerpo y de darme valor como mujer me dio también libertad financiera.

-Yo respondo a ella:
"Gracias apple te aseguro que esa valentía te llevará a esa cima de empoderamiento y te aseguro que serás una super jefa."

Escribe en este espacio porque usastes tacones?

Entrevistas a masculinos no nombraremos sus nombres pero sus respuestas son directamente grabadas por los clientes y todo es basado en hechos reales

Me llamo el chef:
El es un buen padre él sabe que los hijos gastan mucho dinero por eso el y yo conversamos del padre dice todos somos diferente y cada quien vive su vida como le plazca él dice la vida da muchas vueltas, el no volvió con su esposa pero mantiene a sus hijos y es un buen padre dice que al final del día lo que hagas bueno se devolverá, dice que el error que los hombres cometen es abandonar a sus mujeres y que nosotras criamos los hijos solas, los hijos eso despues lo sacan en cara.

Me llamo vendedor de carpas:

Me encanta venir a estos lugares por que me siento libre llevo casado mas 6 años y mi esposa ya no quiere tener relaciones sexuales conmigo ya no hablamos como antes y cuando estoy aca y uso los servicios de una de las niñas con tacones me siento que puedo ser yo que puedo reirme sin presión de que mi mujer me llame tonto, pues tomar un wiskey y brindar, ustedes son magicas hacen que lo triste se vuelva feliz, y por eso no me duele darte mi dinero por que me ayudas a sentirme mejor, a parte de eso camilia es super hablar con ella es como ir a otro planeta.

Me llamo iraq:

Desde que te vi sentada con ese señor sabía que él no era para ti por eso me levante y moví mi cabeza para decirte ven conmigo soy un angel que te envió Dios, y te ayudare a salir de aca y necesito que me ayudes a encontrar mi felicidad de nuevo acaba de perder a mi esposa; se murio de cancer y estoy solo con mis dos hijas mayores de edad me siento triste y vi tu sonrisa y supe que eras tu esa mujer que me daría fuerzas para seguir en esta vida y si me enamore de ti aunque se que tu corazón no me pertenece, pero estar conmigo en cenas compartir risas y planear un futuro muy bonito fue nuestros encuentros planeación y manifestación entre el cliente y su niña este hombre fue jesús en el rostro de mi iraq me sacó de las cortinas rojas y me llevo a casa al lado de mis dos amores.

Me llamo el militar:
Desde que te vi en el tubo dije es latina y me encanta la quiero para mi es divina wow se parece a salma hayek y le daré mi dinero ella lo merece esta divina, vengo de orlando y deje a mi esposa en casa pues a veces me gusta experimentar locuras.

Me llamó el griego:
Me encanto conocerte eres una nina muy linda y se que tus ojos tienen tristezas por eso yo te ayudare a darte algo de dinero para que sigas pagando tus cosas y me dice podemos salir a cenar con mi novia ella es super openman y fumamos un poco para reirnos se hicieron mis amigos por un buen tiempo hasta que el se fue con otra chica dejó a su mujer profesional por una niña que usaba tacones.

Me llamo calvo:
Soy americano humm muy parecido en aspecto a mi ex ojos azules calvo como me gusta bajo en estatura muy simpático pero casado hace 20 años y no es feliz su esposa ya no tiene relaciones con el hace 4 años trabaja para darle todo a sus hijas y su esposa dice que jamás se ha sentido admirado por

ella ni valorado piensa que ella solo lo ama por su dinero pero este hombre es tan buen padre que nunca la dejo hasta que sus hijas crecieran y se graduaron ese día él tomara la decisión de irse de casa y volar a colombia jajaajjajajaja para reunirse con la niña lo que él no sabe es que ella jamás podrá amarlo mi corazón pertenece a alguien más.

**.........Imagenes De Mi En El Tubo Donde Baile NEXT
—>**

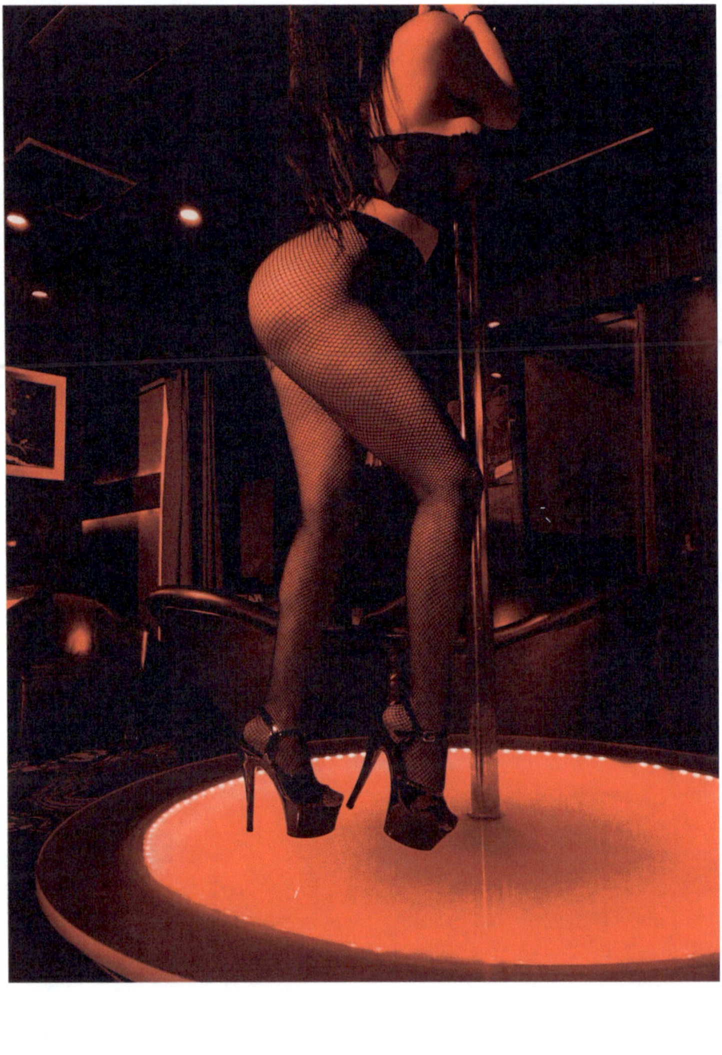

255

Gracias sinceramente a todos estos chicos masculinos que creyeron en mi talento

Y todas las colegas que conocí por el paso de estos clubes fueron experiencias mágicas nos reímos mucho y tomamos mucha champagne juntas y celebramos todos los millones que haciamos una de las diversiones más especulativas y atrevidas que hemos podido tener juntas

Quitar correas y amarrar su cuello pretendían estar felices y usar sus billeteras para re organizar mi cuentas y cubrir mis gastos una vez más gracias colegas.

> NUNCA OLVIDARE DE DONDE NACÍ, SE QUE VENGO DE UN BARRIO POPULAR PERO ME CRIÉ EN UNA FAMILIA MUY LLENA DE UNIÓN Y COMPROMISO. JAMÁS OLVIDARÉ MI PASADO PERO SI PLANTARE UN NUEVO FUTURO.

CAPÍTULO 12

¡ME RETIRO DE LOS TACONES!

¡No sin antes decir Que chimba usar tacones y lencería!

No sin antes decir que chimba usar tacones, me hizo una niña fuerte y valiente me lleno mis dias de luces y alfombras brillaba los diamantes y las limusinas maquille mi corazón y perfume mi cuerpo moví mis caderas al ritmo de la música,abrace más hombres de lo normal y me dieron más afecto que en mi propio hogar .Me admiraron tanto que mis mejillas estaban rojas me sentía valorada ,aunque tenía un precio incalculable, admite tienes ego el telón se abre y miras las caras desahuciadas de masculinos ardiendo por tocar tus moldes ,genéticos ,sentirás que eres un fracaso como mujer y tal vez como amiga y tal vez como madre pero calla tus ojos respira y medita el éxito que llevas contigo,no muchas se arriesgan a llevar tacones ,no necesitamos compasión ni tienes compasión por los demás eres tú y tu propósito durante 7 años use mis tacones prácticamente viví de eso .viaje de eso,fui a los mejores restaurantes, viaje en avión privado ,fui a mansiones,andaba en carros de lujos,mis cuentas siempre tenían $,fui hija sin padre así que mi niñez fue chimba con padrastro pero no papá jajajaja ese tipo se fue muy rápido para el cielo entonces me apoye mucho en los masculinos ellos me escuchaban y me daban amor así fuera por ratos les contare mas secretos de una niña que bailó y género $ y conoció personas.

Secretos

Conoci alrededor de **2200** personas ,

Hice mas **1500** cuartos privados

Baile en el escenario más de **2000** canciones

Genere por los 7 años trabajados

11'110.000.000 USD

Entre eso se pagó:
Rentas de apartamentos y hoteles donde me instalé para ir a trabajar.
pagos de carros
pagos de seguros
comida casas
electricidad
agua
celulares
cables
fiestas
viajes exóticos
compras costosas

perro pomerania
casa sopetran

le doy muchas gracias a la vergüenza de usar tacones llenos de ego y malicia pude realizar la vida costosa que siempre me soñe pero jamás es lo que se quiere de verdad

―--

Les dejare una sorpresa al final de todos mis apuntes y recibos y entradas ,cartas secretas y argumentos que hice por los demás a los largo de mi profesión gracias por haber sido tan chismoso(a) estas llegando al final y ya sabes quien fui por que te aseguro que si sigo no será para vivir sin miedo sera para sollarmela al maximo la vida y cumplir la misión que jesús impuso en mi .

Lee todo con cautela y se bien chismoso (a)

Aplicalo a tu vida deja el ego y se humilde agradece cada Dólar enviado a tu cuenta no importa de donde provenga lo único valioso es que lo aprecies y lo sepas bendecir cuando llega a tu manos, limpia tus manos con sal siempre para purificar ese dinero y saber usarlo.

Imagenes .... De mis agendas y sus secretos WOW niňa ERES SUPER GIRL

Bussines plan By mi Hogar / Estar con mis hijas trabajar y estudiar y viajar. Asi sera este Final del Año 2023. En medio de tanto llanto soledad - Desamor arrepentimiento mentira - Impaciencia - Depresion Hablar a solas - pensar Demasiado Mentalidad sucia y abandonada no mas demostranto mi Dolor. Pues Hoy Despues De 1,555,555,555,555 Times. Estoy Dispesta a hacer mucho. NO PERMITIRE QUE SIGA EL ABUSO MENTAL. NO SERE MAS VICTIMA DE Mi propio Desastre, Asumiremi Error y pasare a la pagina por que yo Alejandra Jimenez me sentire orgullosa de lo que

tengo, no me Avergonzare mas De mi cuerpo y mi mente. le dare espacio a nuevas vidas, nuevos Amores, nuevos caminos, nuevos sentimientos, nueva mente, nuevo corazon, Nuevas Risas, nuevos idiomas, nuevos trabajos, nuevos Amigos,
Abrire Caminos Bellos, A mi vida. Trabajare poco y Hare mucho $$$.... Sientete Orgullosa De ti eres unica. Hija!

954-618-7953

Work Sarasota (10,000 W)
24-08-22: Sarasota
23-08-22 - Envie 2107 000 lote.
7,780 + 800 mike
25-08-22 pagar facturas,
1/80, + 800 mike

26-08-22 - 1'100 - Joe Austin gringo
- pague renta Sarasota. abone 700 000

27-08-22 691.00

28-08-22 $ OFF Desconsar.

29-08-22 $$ monday happy
pagar facturas $ mom $ vanesa. y
depositar resto. - rente 2,350
Mercado y esas victoria.
1,175

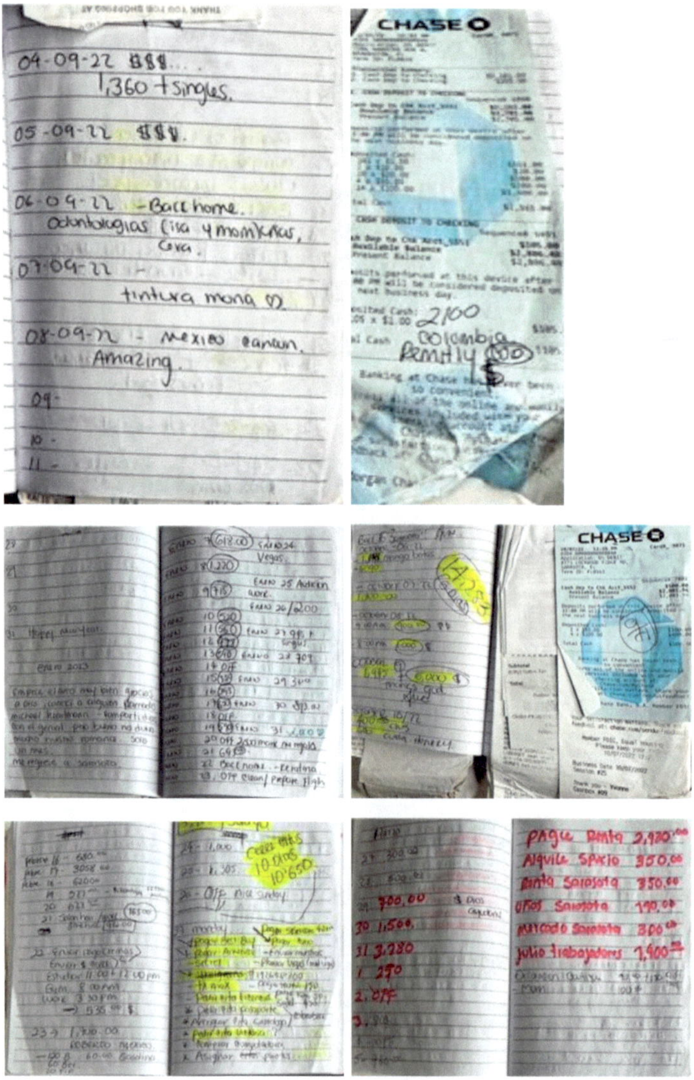
04-09-22 $$$...
1,360 + singles.
05-09-22 $$$.
06-09-22 - Back home.
07-09-22
tintura mona
08-09-22 - Mexico cancun.
Amazing.
CHASE
2100
colombia
Remitly
CHASE

265

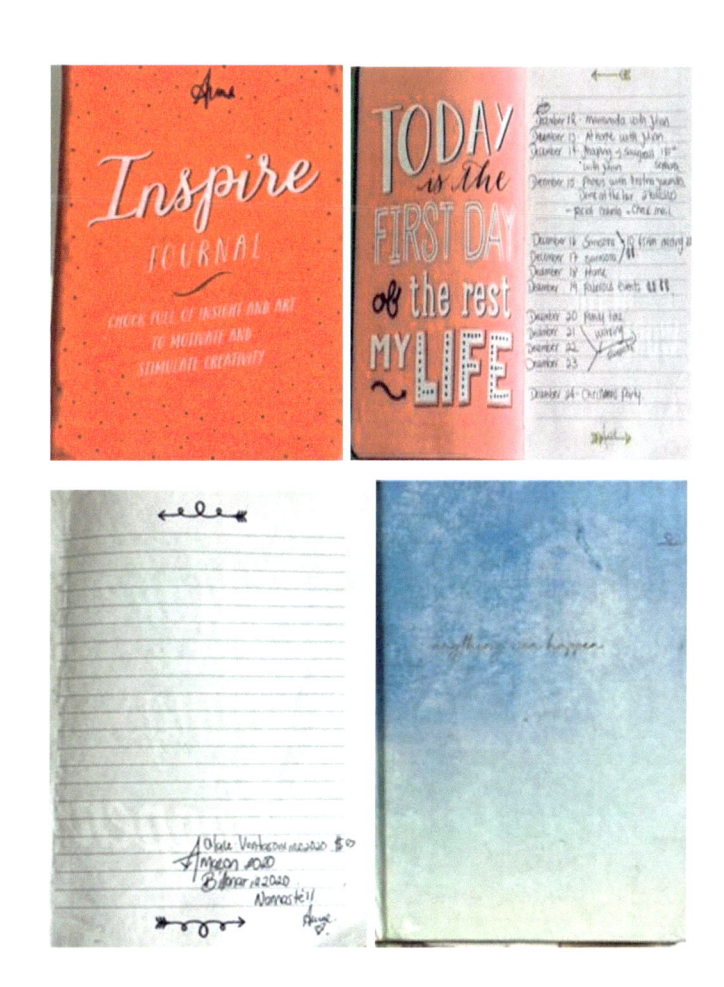

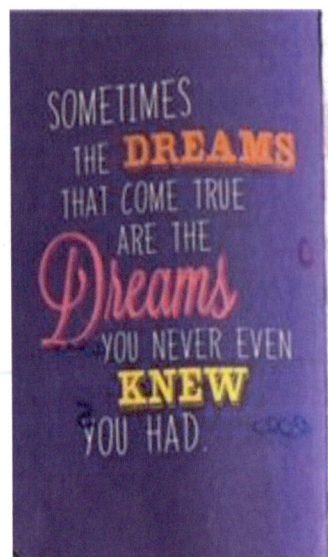

> SOMETIMES THE **DREAMS** THAT COME TRUE ARE THE *Dreams* YOU NEVER EVEN **KNEW** YOU HAD.

Agosto

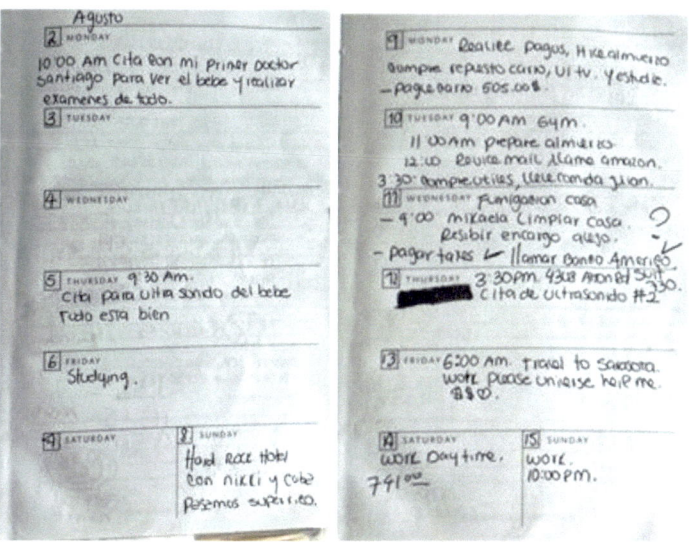

2 MONDAY
10:00 Am Cita con mi primer Doctor Santiago para ver el bebe y realizar examenes de todo.

3 TUESDAY

4 WEDNESDAY

5 THURSDAY 9:30 Am.
Cita para ultrasonido del bebe Todo esta bien

6 FRIDAY
Studying.

7 SATURDAY

8 SUNDAY
Hard Rock Hotel con Nikki y Cobe pasamos super rico.

9 MONDAY Realice pagos, Hice almuerzo compre repuesto carro, UI tv. y estudie.
– pague carro 505.00$

10 TUESDAY 9:00 AM Gym.
11:00 Am prepare almuerzo
12:00 Revise mail llame amazon.
3:30 compre utiles, lleve comida a Jhon.

11 WEDNESDAY Fumigacion casa
– 9:00 Mikaela Limpiar casa. Resibir encargo alejo.
– pagar taxes ← llamar Banco America.

12 THURSDAY 3:30 PM 4348 Anon Rd Suit ▓▓▓ Cita de ultrasonido #2.

13 FRIDAY 6:00 AM Travel to Sarasota. Work please universe help me. $$$.

14 SATURDAY
Work Daytime.
741.00

15 SUNDAY
Work.
10:00 PM.

268

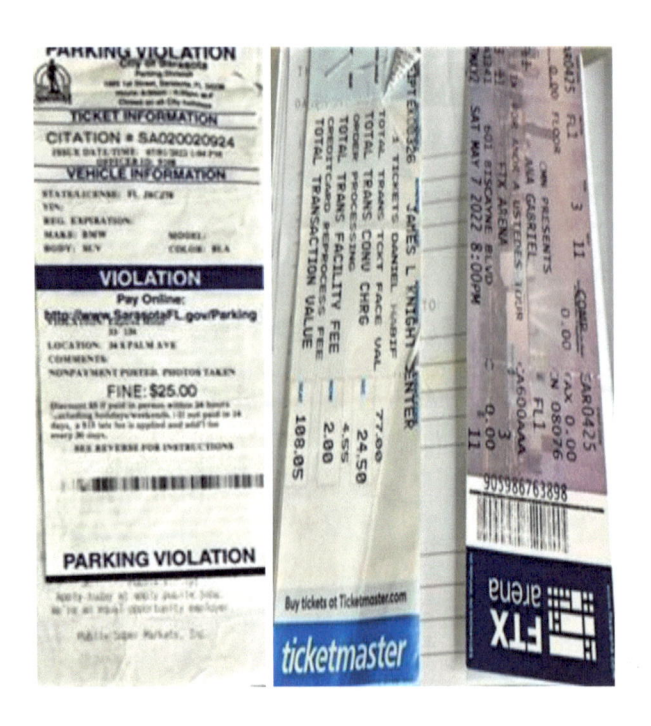

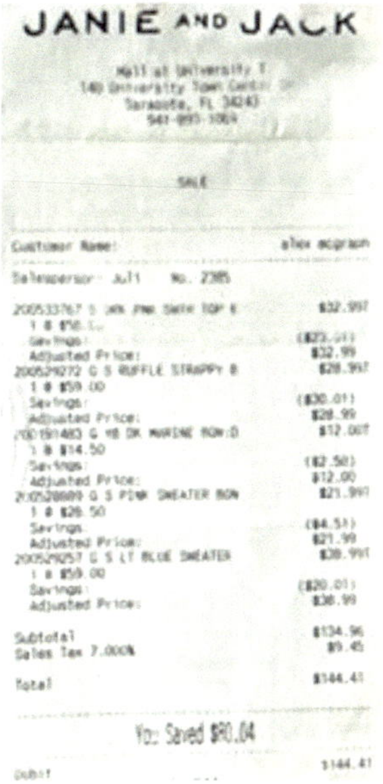
JANIE AND JACK
Mall at University T
Sarasota, FL 34243
SALE
Customer Name:
Salesperson:
Subtotal $134.96
Sales Tax 7.000% $9.45
Total $144.41
You Saved $90.04
$144.41

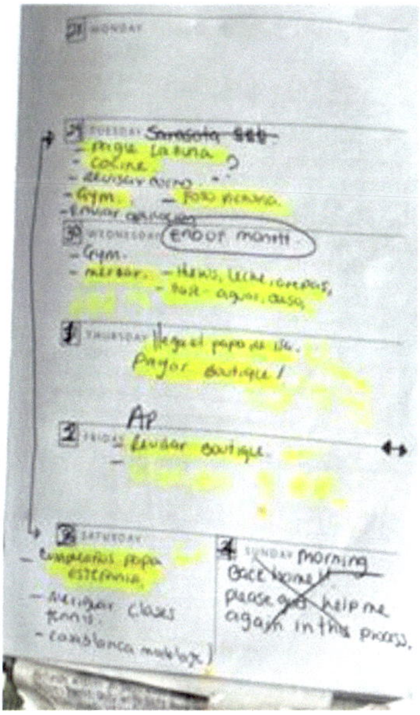
MONDAY
TUESDAY
Gym.
WEDNESDAY
THURSDAY
Pagar Boutique!
FRIDAY
SATURDAY
SUNDAY morning
please help me
again in the process.

BEGIN
EACH DAY
WITH A
GRATEFUL
HEART
METAS PARA EL 2022

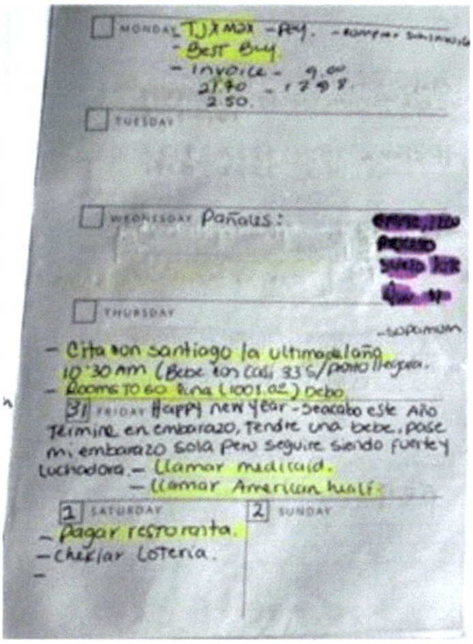
MONDAY
- Best Buy
- Invoice
TUESDAY
WEDNESDAY Pañales:
THURSDAY
31 FRIDAY Happy new year
- Llamar medicaid.
- Llamar American healt
1 SATURDAY
- Pagar restoranta.
- Cheklar Loteria.
2 SUNDAY

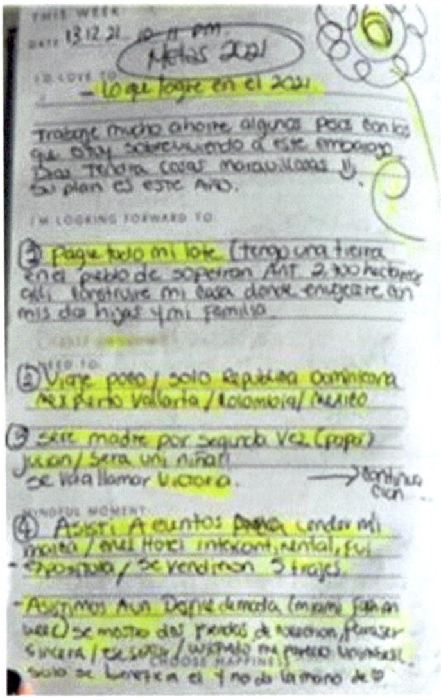
THIS WEEK
DATE 13.12.21
Metas 2021
I'M LOOKING FORWARD TO
CHOOSE HAPPINESS

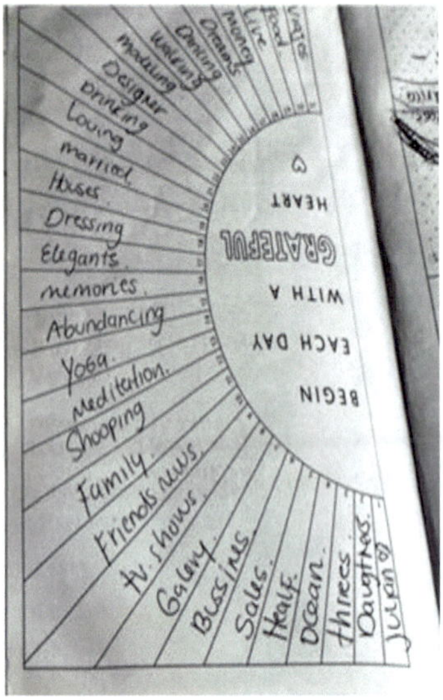
BEGIN
EACH DAY
WITH A
GRATEFUL
HEART

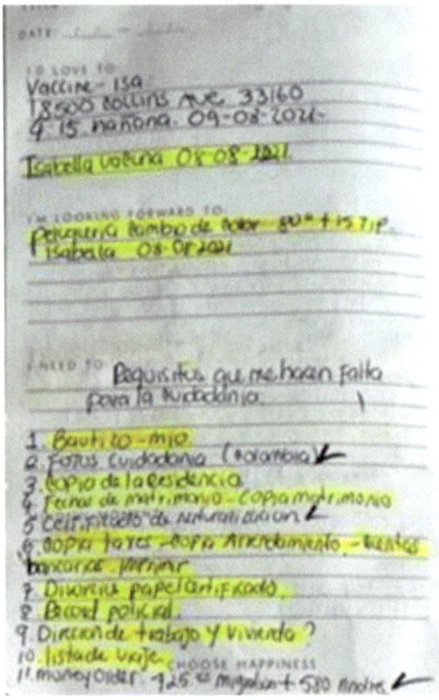
I'M LOOKING FORWARD TO
CHOOSE HAPPINESS

ENJOY
every
MOMENT
OF
Life

- Hacer el amor siempre
- Llorar
- Sembrar plantas
- Ver a mi madre a mi lado siempre
- poder ayudar al que necesita de mi
- tener nietos
- tener otro hijo
- Casarme por el resto de mi vida.
- Tener una Vejez Hermosa.
- mi madre viajar por el mundo. con Libardo
- Conseguir las mejores amistades
- tomar el té con amigas
- ir al cine.
- Llevar a mi hija a todos los casting.
- Vestirme siempre bien
- lucir siempre elegante.
- tener celular
- Caminar por la playa.
- poder usar Bikinis
- Olvidar el pasado
- Vivir un presente maravilloso
- Ver crecer a mi hija.
- Ver a mi hija casarse con el verdadero Amor.
- Ver a mi hija Graduarse en moda.
- Tener la Boutique más fantasiosa de Niñas.
- Vender por la web al máximo.
- tener abundancia ilimitada
- No Tener preocupaciones monetarias
- Ahorrar al máximo para mi vejez.
- Soñar sin parar
- Alimentarme saludable y mi familia.

CARTA PARA MI

Yo soy y seré hermosa ante mi espejo y tú también amaté tanto a ti misma que nadie te reconozca

Te mostraré mi collage realizado el 2015- 2019-2022

HAPPY NEW YEAR
2020
Namasté

Bali, indunsa
India
Europa
Panamá

- Hacer el amor siempre
- Llorar
- Sembrar plantas
- Ver a mi madre a mi lado siempre
- Poder ayudar al que necesita de mi
- Tener nietos
- Tener otro hijo
- Cuidarme por el resto de mi vida
- Tener una vejez hermosa
- Mi madre viajar por el mundo tan liberado
- Conseguir las mejores amistades
- Tomar el té con amigos
- Ir al cine
- Llevar a mi hija a todos los castings
- Vestirme siempre bien
- Lucir siempre elegante
- Tener auto
- Caminar por la playa
- Poder usar Bikini
- Olvidar el pasado
- Vivir en presente maravilloso
- Ver crecer a mi hija
- Ver a mi hija casarse con el verdadero amor
- Ver a mi hija graduarse en modo
- Tener la Botique más fantástica de niñas
- Viajar por la vida al máximo
- Tener abundancia ilimitada
- No tener preocupaciones monetarias
- Ahorrar al máximo para mi vejez
- Soñar sin parar
- Alimentarme saludable y mi familia

Mi casa en Sopetrán Antioquia

2020 SEPTEMBER

la piscina

la sala

Isabella tocará el piano

muebles azul turquesa

mi tiempo de relajación siempre Aminente.

mi hija y yo :)

Graduaciones Americanas 2020.

Mi esposo y otros hijos más

Siempre sacamos la familia TOP 100.

TOP 100

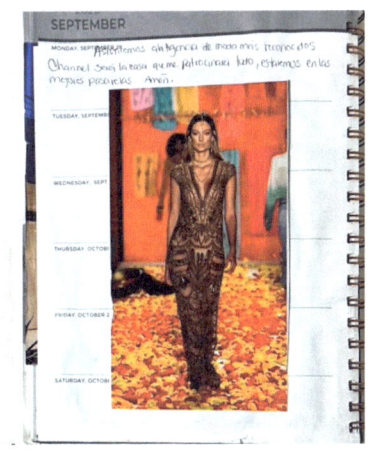

Aceptamos ah herencia de nuestros principados. Channel Soy la rosa que me patrocinará todo, estamos en las mejores proveedoras. Amén.

TERAPIA DIA #5 DINERO00 💰💰💰

Yo creo en mi prosperidad ilimitada.

Yo vivo una vida abundante, la riqueza vino para quedarse en mi vida.

Estoy vinculada con la abundancia ilimitada del universo.

$ $ $ $ $ $ $ $

Yo creo en mi prosperidad ilimitada.

Yo vivo una vida abundante, la riqueza vino para quedarse en mi vida.

Estoy vinculada con la abundancia ilimitada del universo.

$ $ $ $ $ $ $ $

INDIA

Mi viaje ala será para la fecha de April or May 2024

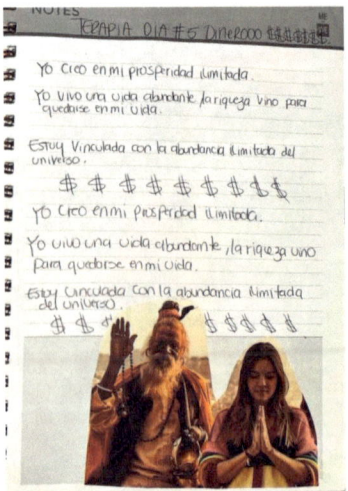

FEBRUARY — TERAPIA #6 AMOR Dec

Hoy Declaro Amor infinito, respeto, prosperidad, matrimonio, hijos, hogar, felicidad.

MI ESPOSO GRACIAS DIOS

ROMA

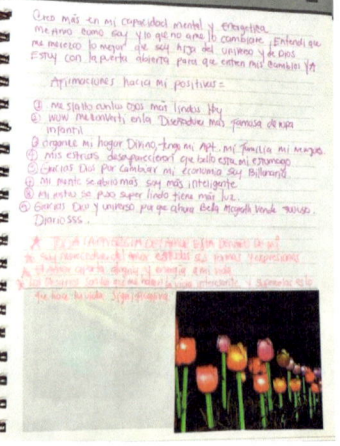

Creo más en mi capacidad mental y enérgetica. Me amo como soy y lo que no ame lo cambiare. Entendí que me merezco lo mejor que soy Hija del universo y de Dios estoy con la puerta abierta para que entren más cambios YA.

Afirmaciones hacia mi positivas:

1. Me siento cerca a Dios mas lindos Hoy
2. WOW me convertí en la Diseñadora mas famosa de ropa infantil
3. Organice mi hogar Dinero tengo mi Apt, mi familia, mi esposo
4. Mis esfuerzos desaparecieron que bello está mi estomago
5. Gracias Dios por cambiar mi economía soy Billonaria
6. Mi mente se abrió más soy más inteligente
7. Mi entorno se puso super lindo tiene más luz
8. Gracias Dios y universo por que ahora toda mi gente tiene mucho Dinero $$$...

* Tu y tu familia tienen bien puesto de pie
* Soy poderosa y amor estable en matri- monio
* Elimino cierta energía de enojo a mi vida
* Las personas de mi entorno tienen presente y aparece esa persona tu vida siga avanzando

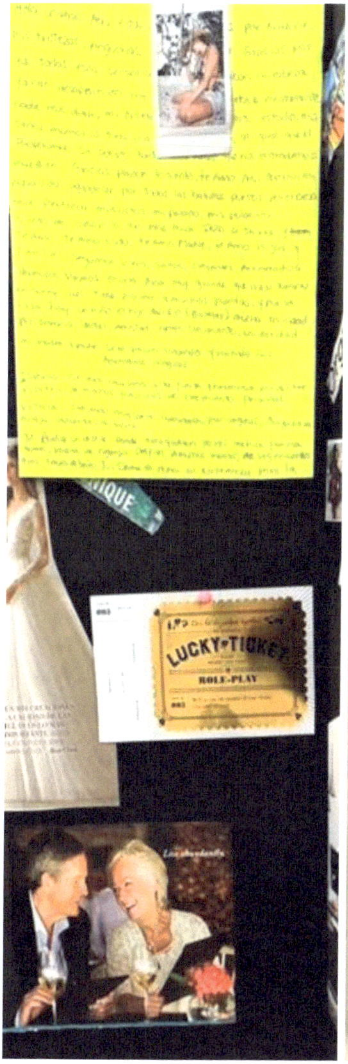
LUCKY TICKET
ROLE-PLAY
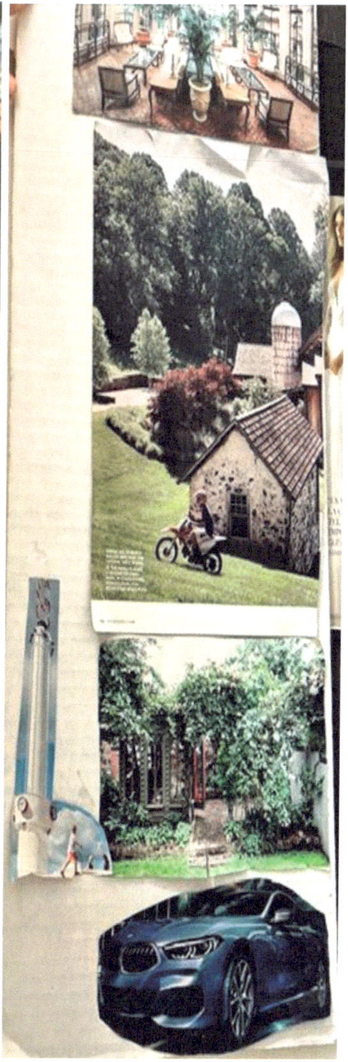

BLACK C
5412 1234 567
A.L. TAYLOR
BY THE SEA.
OPAL

Sleeping
rganizing
¡Veo por tus ojos!

Con el Dinero que me gane, fui y compre primero la cocina Italiana
para cocinar cosas maravillosas.
THE ITALIAN
SENSE
OF BEAUTY
SCAVOLINI

Espero lo hayan disfrutado mas y bueno que hayan realizado el collage de los deseos y que todos sus proyectos se materialicen y se hagan realidad la verdad demora pero llega orando y teniendo fe y alumbrando los deseos con luz dorada y verde puede hacer llegar a tu vida cambios inesperados activa tu neurona artificial y comienza diseña tu nueva rutina y atrae millones y millones risas y menos gastos (jajajaja).

Materializa ya!!111

Los mejores momentos

Describe los momentos más bonitos, alegres, y más Recordables del año pasado dibujalos en esta hoja

Seis frases sobre el año pasado

la decisión más sabia que tome:

-Tener otra hija soltera

-Afirmar mis tacones y bailar estando con un bebe en mi barriga.

-Buscar trabajos normales y adaptarme a ellos

la lección más importante que aprendí

>Respeta para que te respeten y valora a quien te brinda amor.

El mayor riesgo que asumi
>volver a ser mamá

La mayor sorpresa

llevar mi marca a grandes pasarelas y vender por medio de mis esfuerzos.

La cosa más importante que hice para otros

Darles mi sincera amistad a quien la necesitaba,dar apoyo y brindar mi granito de ayuda a quien lo necesito

El logro más grande:

>Construir mi mansión en colombia para mis hijas sola sin ayuda de nadie.
>Trabajar para dos marcas al mismo tiempo.
>Pagar rentas costosas en los estados unidos
  sola sin ayuda de nadie.

Que libros me ayudaron a ser mejor mujer y persona

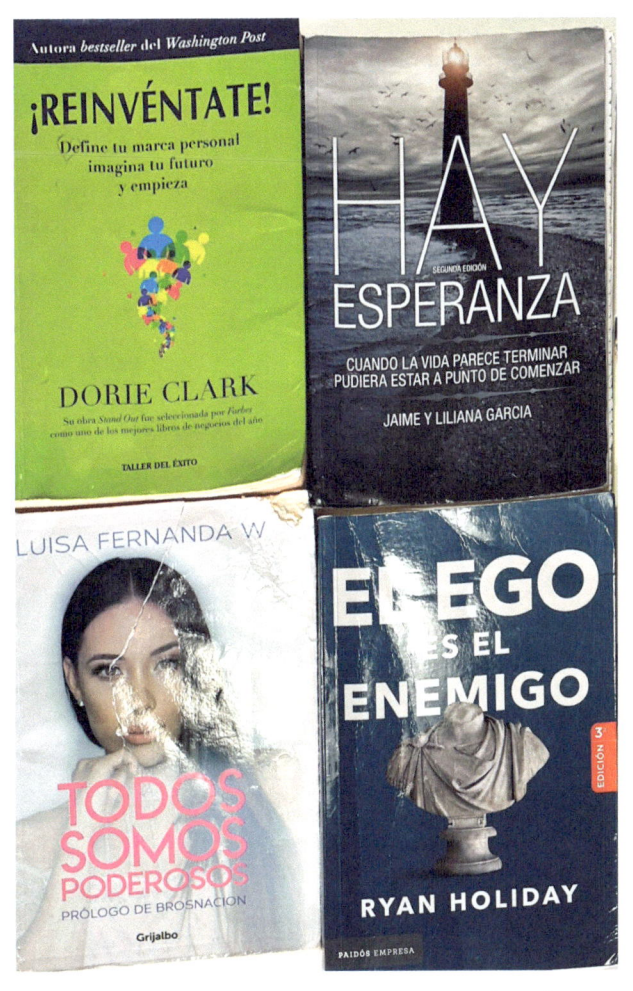

Fin de mi historia pero no, de mi legado esto apenas comienza y les doy muchas gracias, a todos los que compraron mi libro; y leyeron mi historia pues con la ventas de estos libros generare una vida financiera más libre , ayudaré a muchas mujeres a superarse y salir adelante sin tener que usar más tacones con las primeras 20 copias vendidas hacer una donación a niñas de mi país sin zapatos y espero poder abrir mis empresas alzar la voz y generar empleos multimillonarios.

Gracias mil gracias, De nuevo.
LOS AMO.

Yenyfer Mcgrath
(Camila)

La Niña D lo$ tacone$

RECORTA Y PEGA EN LOS ESPACIOS EN BLANCO RECORTES DE REVISTA DONDE ESCOJAS, TU NUEVA VIDA Y PROYECTOS Y PEGALOS EN LAS HOJAS QUE VERÁS A CONTINUACIÓN Y COMIENZA A MANIFESTAR Y DECLARAR TODO LO SOÑADO

Chauuuussssss Mamasotas Y Masculinos de los cabaret más prestigiosos de los estados unidos, me enseñaron y me mostraron el lado oscuro de una mujer y como se convierte una niña pobre en una niña millonaria.

Los dejo me encantó contarle mi historia basada en hechos reales y fotos reales de cómo una niña bailó y nadie supo su verdad hasta ahora.

Les mando muchos besitos con sabor a chocolate y caramelo les envio muchos abrazos y espero hayan disfrutado mucho de este rico chisme recuerden que si hoy esta gris el dia es porque mañana sera un dia lleno de arcoíris

Besos con sabor a Caramelo 💋!

Yenyfer Mcgrath

GRACIAS A ESTAS PERSONAS QUE HICIERON PARTE DE MI PROYECTO

📷 @Crissjaramillo_photography (fotografia)

💄 @stefanytejada (maquillaje)

📚 @alexlan777 (Diseñador D cover y contraportada)

👗 @sheinofficiail (ropa de baile)

👠 @versace (zapatos De baile)

GRACIAS & NAMASTĒ

La Niña D Lo$ Tacone$

SÍGUEME EN TODAS MIS REDES SOCIALES PARA QUE ESTÉS CONOCIENDO LA NUEVA ETAPA DE LA NIÑA DLO$ TACONE$

https://qr.link/nSJmNU

Made in the USA
Columbia, SC
26 March 2024